十里长街文化丛书

长街故事

台州市路桥区十里长街振兴工作领导小组办公室
台州市路桥区作家协会
编撰

上海三联书店

路桥十里长街文化丛书

本册主编：李　异

总　序

　　路桥十里长街，发轫于东汉，肇兴于两宋，繁盛于明清。全街包含河西街、邮亭街、路北街、路南街、下里街、新路街、石曲街等七个街区，总长近五公里。斗式木楼依河而建，百姓傍水而居，河上石桥相望，街中杰阁峥嵘，商铺林立，里巷通幽，颇具江南水乡韵味，是浙江省级历史文化保护街区。

　　岁月流淌，十里长街积淀了丰厚的文化根基。早在东汉时期，这里就设有邮亭，成为交通要冲；东晋大书法家王羲之游历浙东，在此留下墨池遗迹；五代吴越王钱镠下令开凿南官河，大镇始肇；宋代在新安桥附近设场务，路桥地名始载典籍，北宋至南宋，"人物渐繁，商贾渐盛"，逐渐形成今天的规模；晚清民国时期，长街进入鼎盛阶段，南官河上，货船拥塞，市井巷弄，万商云集，成为浙东南著名商埠。

　　十里长街历史名人辈出，北宋高道范锜、南宋名绅赵处温、元末方国珍家族、明代《永乐大典》参修包彝古、"一门天宠"李匡、抗倭义士蔡德懋、清代地理学者李诚、御史杨晨、民国"垦荒模范"王志千、著名药学家於达望、当代书法家任政等，都出生或者曾经生活在十里长街。

　　市井商贸的繁荣催动了浓郁的人间烟火味，民间曲艺、手工艺等非物质文化遗产与特色美食小吃为长街带来了丰富多样的民俗底蕴，生动的故事和高雅的诗歌则赋予长街鲜活的美学魅力。

为全面挖掘和展现十里长街历史文化，服务长街振兴工作，路桥十里长街振兴工作办公室联合路桥区作家协会，推出《路桥十里长街文化丛书》。

本丛书共分为四本，取十里长街历史文化之精华，系统性地介绍了十里长街的人文历史、风景名胜、民俗非遗、诗词歌赋、民间故事、美食小吃等，集趣味性、艺术性、思想性于一体，图文并茂，雅俗共赏。

十里长街，是路桥千年商都的文明缩影，镌刻着路桥人民的乡愁记忆，也是路桥最具文化标识的"金名片"。编纂《路桥十里长街文化丛书》，对于挖掘、保护和传承十里长街历史文化意义重大。希望这套丛书能让人们了解十里长街的过去，留住乡愁，并对长街的未来产生积极影响。

是为序。

本书编委会

二〇二四年十二月

目 录
CONTENTS

历史名人故事

地名风物故事

市井生活故事

历史名人故事

王羲之灵山放飞鸢

○ 管彦达 整理

王羲之墨池，又称右军墨池，遗址在路桥老街旧廿五间附近。《光绪黄岩县志》载："黄邑城南三十里许有妙智寺，古道场也。寺旁碧水一涡，深不及仞，广不盈亩，清可以鉴毫发，岸上断碣敧仄，络以古藤，塞以芳草，字迹摩挲可辨，乃晋右军将军王羲之墨池榜也。"可见晚清王羲之墨池保存还相当完好。

王羲之任右军将军、会稽内史时，正逢东晋北伐失败，浙东闹饥荒，加上赋役繁重，民众不断逃亡。王羲之上疏给晋穆帝，要求减免赋税。晋穆帝酷爱王羲之书法，又加上谢安在旁说好话，穆帝采纳王羲之建议。王羲之多次开仓赈灾，又减轻逃亡者的罪，使他们重新安居，浙东的百姓有了活命，把王羲之当作救命恩人。

王羲之醉心山水，觉得当官妨碍他的自由，就辞去官职，与道士支遁、许迈一道，从绍兴出发，往浙东南游览。

他先来到天台赤城山，拜访高僧竺昙猷。之后又来到章安，见到自己妻弟郗愔、师兄李定及友人孙绰。郗愔说："去永嘉（温州）有两条路，陆路由大溪翻过方城山，比较辛苦；水路由松门坐船，比较容易。

无论陆路水路，必须先到新安（路桥）。"

新安里长一听右军大人到，立刻设宴招待。羲之是美食家，对于地道的海味，赞不绝口。

第二天，王羲之要到海边走走，一来想去看看大海，二来想预先见过去松门的船只。里长带他们来到海边，望见近海有一岛屿，羲之问岛屿叫什么名字，里长说："灵山。"只见海边芦苇丛生，滩涂上爬满弹涂、沙蟹之类，水鸟三三两两捕食。一会儿，飞鸟骞腾而起，翱翔于空中。又过一会儿，从天边远处飞来一群大雁，到了近边，盘了一圈后，纷纷降落苇边的一块空地上。

羲之看得津津有味。原来羲之学书，除了向前人和今人学习外，还向大自然学习。大自然的灵气：如鹅在水中游，雁在天上飞，野鸭在芦苇水边觅食，这种自由自在的姿态都给王羲之灵感，使他的书法旷古绝今。

众人正在陶醉时，突然从芦苇中钻出几个人，手拿竹竿，口吹号角；大雁和野鸭受惊后，直往另一方向逃跑，奔了一段路程，待要起飞时，只见前面有一张大网张开，不少"凫雁"跌入网中。

羲之大惊失色，对里长说："这些人做什么？"里长："捕飞雁和野鸭。"羲之十分不满："为什么要去捕它们？"里长叹道："君不闻'天上大雁肫，地下鳖子裙'乎？大雁被自己的肫害苦了！"羲之说道："你快过去，把他们都叫过来。"

里长把猎人们叫到跟前。羲之说："诸位兄弟，这些大雁和野鸭，请你们把它们放掉！"猎人们默然不语。羲之："无论多少钱，我都给你。"里长："右军大人，这钱不要你出，我会给他们的。"猎人问："什么右军大人？"里长："右军大人，你们都不知道吗？右军大人就王羲之大人，就是放粮食给你们的内史大人。"

猎头吃了一惊，呆呆地望着眼前的人。之后，吩咐手下立刻把"凫雁"放掉，自己跪下叩头道："该死，该死！我不知道你就是王大人，你给皇上写奏章，免了我们的赋税，我们百姓感激还

来不及呢，怎好能要你的钱？"羲之立刻扶起那人，说道："这钱我是一定要给的，你们日夜辛苦，挣钱也不容易啊！"猎头说："我们情愿挨饿，也不能要你的钱！"里长圆场说："他们不要钱，也就算了。晚上我请客，你们也来参加，我请右军大人写幅字送给你们。"

凫雁们在天空中盘旋了一圈，好像来感谢王羲之似的，才远远飞走了。羲之舒了一口气，猎人们也似如释重负。

晚上里长设宴，众位猎人受邀来参加。席上，羲之十分高兴，开怀畅饮，击桌而歌。歌曰：

> 灵山之阳，飞凫之乡；盘桓三匝，降临海滨。
> 不防叵测，纲举目张；仓皇奔命，已遭其殃。
> 高山巍巍，大海泱泱；决其罗网，任汝飞翔。

歌罢，立即研墨展纸，书写下来，送给猎人；又换纸张，拿起巨笔，饱蘸墨水，大笔一挥，写出"灵山飞凫"四字，送与里长。书写完了，少不得在近旁小池清洗笔砚，池水被王羲之的墨水一染，小池也就称为"右军墨池"了，立即身价百倍。

后来，重新设置乡里，即以灵山乡（当今路桥区基本区域）以北称飞凫乡（今路北街道北部分地方），以纪念羲之书"灵山飞凫"之意。

羲之、许迈、孙绰等继续南游，就告别了郗愔和新安里长，乘船由迁浦出海去松门。王羲之《游四郡记》写道："永宁县界海中有松门，岛屿上皆生松，故名。"他们从永嘉（温州）回来走陆路，又游了方城山，羲之记道："临海南界有方城山，绝壁立如城，相传越王失国，尝保此山。"之后，羲之等人从方城山下大溪坐船经新安到章安，最后回到会稽山阴。

朱熹造闸，郡佐建祠

○ 管彦达 整理

南宋淳熙八年（1181），浙东遭灾大饥。第二年，在宰相王淮举荐下，朱熹提举浙东常平茶盐公事，兼办赈务。七月，朱熹来到台州，发现"人户连遭灾荒，细民艰食"，朝廷拨出三十万缗钱给朱熹用于台州赈粜。

不久，朱熹巡视黄岩。乡绅支汝绩、陈谦、陈纬、徐弗如等来见他，向他反映境内水利工程多有废坏，亟须修复和兴建。朱熹进一步了解到黄岩是台州的粮食主要产区，有农田百万亩，"所产稻米甲于一州"，因地势较低，易旱易涝。朱熹向孝宗皇帝写了《奏兴黄岩县水利》状："臣体访到本州黄岩县，界分阔远，近来出谷最多，一州四县皆所仰给，其余波尚能陆运以济新昌、嵊县之缺。然其田皆系边山濒海。旧有河泾堰闸以时启闭，方得灌溉，收成无所损失。近年来多所废坏去处，虽累曾开淘修筑，又缘所费浩瀚，不能周遍。臣窃惟水利修则黄岩可无水旱之灾，黄岩熟

则台州可无饥馑之苦。"孝宗同意了，拨钱一万贯用于兴修黄岩水利。朱熹委托宣教郎林鼐、承节郎蔡镐具体经办，给贷食利人户，相度争切要害去处，先次兴工，俟向后丰熟年分却行拘纳。疏浚官河，并动手建蛟龙、陡门、鲍步、长浦、迁浦、金清六闸。

林鼐（1144—1192），字伯和，一字元秀，黄岩县城人，乾道八年（1172）进士，授奉化县主簿，迁定海丞，知侯官县，淳熙间知龙岩县。蔡镐（1143—1191），字正之，白山（今属温岭）人，淳熙二年（1175）右榜进士，历授盐城尉、特用武学谕，未几自乞从军，后升武学博士。

朱熹奏修六闸，其中鲍步、长浦属灵山乡（今路桥区基本区域）。朱熹考察沿海河道海口，夜宿路桥河西。《路桥志略》载："朱子祠，在河西街，郡佐朱公建，故址在今河西堂。"黄岩周省三《新安杂咏·望后楼》曰：

河水清清落日黄，考亭遗址已茫茫。
居民不识甘棠树，让与山僧作道场。

（下注：今"河西堂"即"朱子祠"旧址）考亭为朱熹晚年讲学处，这里代指朱熹。

朱熹没有待到水利完成，就被调走了。第二年，西蜀人勾龙昌泰继任浙东提举，仍用蔡镐、林鼐董水利事。勾龙昌泰也没有完成就被调走了，最后由继任者李洪川完成六闸。尽管领导人调任，蔡镐、林鼐主管造六闸任务，精心规划组织实施，与同事临海谢敷经，同邑徐易如、陈谦、陈纬等团结合作，如期按质完成。

到明代成化年间，路桥沿海居民打捞到一大铁盘，形如车轮，重数千斤，腹中铸纹，有二十八宿及十二肖之像，搬到家时，锤击不碎。据说这是朱熹治水利时铸造镇压在金清海口的，传说龙见到铁害怕，就不敢兴风作浪了。又有一说：金者水之母，浑潮

见铁则清，所以遏淤泥也。这就是金清名称的来历。

朱熹四世孙朱潍宋末任台州知政，元灭宋后安家在黄岩山亭街，朱潍十三世孙朱时圣迁居罗洋，为罗洋始祖，今螺洋（罗洋）有朱熹后代"允、克、正"三辈分。

赵处温洪洋建义庄

○ 管彦达 整理

南宋时，百姓都得服重役，贵人却可以免除。

黄岩县的劳役也一样，摊派时，强者互相推诿，甚至大打出手；弱者无助，只好加倍承担。黄岩知县陈汶，看到这种弊端，首劝义役。办法是：随户产割田以为义役，自相推排，自立账户，以谷物收入支付劳役。有点像新中国成立初期的互助组。开始数年成效不错，随着时间的推移，义役的管理者私欲膨胀，从中获取非利，使得提供役田的人反不如提供劳役的人合算，"义役"名存实亡。

路桥洪洋人赵氏兄弟未贵时，也有田在役。宋理宗宝庆二年（1226），弟弟赵亥（即处良）登进士第，名列第三。赵亥要出去当官了，临行前，对兄长处温说："我就要出门，不知何年何月才可回来？家里的事，全交给哥哥费神了。不过我有一事不能放心，我考取进士后，我们家也成了贵族，役可免了，田可归还了，这样于义理不符。我们兄弟要想个办法，使役田能永久留下来。"兄长称善。

弟弟走后，赵处温在家经营农田，精打细算，处处节约，完成课税之后，有余钱，即买田产。这样，积二十余年，买田200亩，于是在自己的旧屋基上，创建义庄。处温所建的义庄，门庭、馆舍、仓库、厨房、浴室一应俱备，且一钱一谷都不要其他人资助。有人说："处温呵，一家的财力有限，为什么不要别人帮助？"赵处温直爽地回答："主要考虑到以后管理方便，这样不必牵制于人。"果然，义庄建成后，差不多用尽赵家的所有资财，已经无力再干其他的事了。

淳祐九年（1249），王华甫来任黄岩知县，再次大力动员诸村设立义役。他了解到赵处温的义庄有一定困难，就立下规定：当地凡是服役的，必须带田入庄，并到义庄劳动。还任命两个主事，经管义庄的230亩田的出入账户，委托赵处温全权监管。

义庄建成后，凡在此劳役的人家衣食全依靠它供给。赵处温还拿出自家的储粮千石，供贫困人家丧葬嫁娶之用。

到了赵景纬继任知县，仍然委托赵处温管理义田。这样又经过了十年，通过赵处温出色管理经营，以盈利另买田百亩，加上以前所捐田一共得三百多亩。收支平衡略有盈余后，赵处温就把其他入庄的田归还给各人，还建立了像模像样的谷仓。

赵处温的名气大了。此后，县里有要事，如缴税、浚河、铺路、造桥等大役，县令都来与赵处温商量，或委托他协办。

赵处温十分高兴，于是逢年过节，由义庄设宴，供乡民拜饮会集。乡民，尤其是穷苦人家，十分感激赵处温。为此，叶适朋友郑大惠写诗歌颂他"月计簿书在两庑，岁积金谷排六仓"。民众请王华甫县令作记，王县令欣然命笔，写了《洪洋义庄田记》。民众认为这样还不够，打算义庄里绘上赵处温像，祝寿他。赵处温却坚决不同意，结果取消了此议。

里中有矛盾事不想到官府解决，就来找赵处温解决。遇到这

长街故事

类事，赵处温都好言相劝，妥善处理，做到双方信服。有人打官司，官府有时拿不定主意，也多请赵处温共同商量。邻乡有为劳役事争辩时，便会有人出来说："你们不看看洪洋赵宣义（即处温，民众尊称他'宣义'）！"只这样一句话，大家就彼此相视，争辩立刻停止，事情便会顺利商定。

赵处温树立的榜样，虽然百姓称道，但对其他贵人来说，却是不小的压力。于是有人散布闲话："赵氏为什么要设立义庄？还不是为自己求名。"处温做人一向小心谨慎，真不愿意听到别人论长论短，因此十分烦恼。

却说弟弟赵亥在外当官，开始任殿前司同副将，后来积功当上武翼大夫；改成文官后，出知滕州、贺州、广德州，世称"赵滕州"。当时同县杜范正在朝中当权，力促他到京城（杭州）任职，赵亥却以年老体衰辞官归里。

赵亥回来后，兄弟俩见面，十分高兴。高兴之余，哥哥就把别人的议论对弟弟说，不想弟弟倒十分坦然："什么求名？要说求名，则浙江各地早已有人行此义举；而黄岩，则由陈县令首倡；要说义庄成功，则靠王县令、赵县令支持。功劳和名气都轮不到我们。我们这样做，完全是为了义。"

处温叹道："自王公、赵公去任后，义庄的经营越来越难了。乡里的公科私遣，都来向义庄白吃白拿，这样利润就微乎其微了；其他人，也都眼睁睁地盯着义庄的盈余，想尽办法来揩油，这样，义庄的利润就没有了。古人曰：'数有成坏，时有兴废'，安能保证义庄今后能够坚持下去！"

弟弟安慰道："建立义庄与粮仓的目的，是为了乡人的利益，本来就很难。兄长知难而进，克难善守，义之所以有终也。怎么知道吾乡以后就没有如兄长的，贡献出遗业，扩大其旧规，比今日更辉煌呢！"说得兄长也笑起来。

自此之后，赵处温做人更加温和谨慎，避开一切荣誉之事，

使得那些不服的人渐渐气皆消散。

咸淳乙丑（1265），赵处温年已七十五岁，痰疾作，家里请来医生诊治。处温也懂得一些医学知识，就对医生说："病已进入膏肓，任何药都不起作用了，只会是白白地浪费药物。我已用不着治疗了。你很忙，谢谢你到我这里来，我看你以后就不用再来了。"又对弟弟说："我把家财全献给义庄，全靠你的支持。我死后，希望你把义庄办下去。"

医生回去后，处温静躺在床上，回想起自己一生所做的事，虽然对本乡本里的穷人有点帮助，但对整个社会，实在微不足道：富人照样富，穷人照样穷。想到这里，他感慨万分，吩咐家人速拿纸笔来，他挣扎起来，疾书"大海纤尘，红炉片雪"数语而终，时仲冬三日也。涩水阅此，默然良久，赞道："大海纤尘知近陆，红炉片雪觉临春。"涩水续写的《洪洋义庄》诗如下：

> 创建义庄济弱贫，只缘赤子爱乡亲。
> 人间有难需挚友，世上无情枉做人。
> 大海纤尘知近陆，红炉片雪觉临春。
> 洪洋今日锦绣地，记取当年赵处温。

弟弟赵亥卒后，附葬其兄墓侧，以示与其兄同心也。

长街故事

方伯奇赶海救龟雏

○ 管彦达 整理

　　方伯奇，黄岩县灵山乡塘下里人。灵山乡即今路桥区基本区域，古代管里有二，其一为贵丰里，即路桥街及以西范围；另为塘下里，即石曲东南范围。根据杨晨考证，方伯奇及其儿子就住在方家垸（今属路南街道）。

　　方氏祖籍仙居，世以贩盐浮海为业。为了方便浮海贩盐，方氏先祖迁到洋屿，从事煎盐贩盐。但煎盐贩盐谈何容易，传到方伯奇，由于子女众多，还租种石曲大地主陈百万的田，为了方便种田，方家就在石曲附近荒地上搭起茅屋，作为居所，这个地方后来叫方家垸。

　　到了方伯奇廿八九岁时，父亲方宙说："伯奇啊，你也老大不小了，应该娶媳妇了。现有人给你做媒，周裁缝有一女儿，极其贤惠，且有手艺，你母亲也看过，人也长得不错。他家肯，我看这是打灯笼都无处寻的好亲事，你看怎么样？"伯奇说："只要爹妈肯，

我没有意见。"亲事就这样定下了。

他们结婚一年后，便有了儿子，伯奇给他取名国馨，接着生了两个女儿，后来又有了第二个儿子，伯奇给他取名国璋。

方伯奇农闲时经常去讨小海。所谓讨小海，就是在退潮时到海涂头，拾些蜻、蛤蜊、泥螺、钉螺之类，有时也捉些弹涂来。

一天清晨，他从方家垸里出发，匆匆赶往洋屿，无意间瞥见路旁有几只小乌龟陷入肮脏的沟坎里，由于当时忙着赶路，也就过去了。走着走着，伯奇心里越来越不踏实，脑子里浮现出刚才见到的情景，那几只小乌龟正伸着头颈巴巴地仰望着他。伯奇想，我怎么只顾自己，不关心别的生灵？于是毫不犹豫走回去，用木板把那几只小乌龟从狭窄的沟坎里挑出，放回到田野里。

夜里，伯奇梦见一个黑衣人来谢，说要送给他一个儿子。伯奇赶快推辞说："我已经有了两个儿子、两个女儿，负担不轻了，还要什么儿子？"黑衣人说："这不一样，是个贵子。"伯奇惊醒后，把梦告诉妻子。妻子周氏说："奇怪，我也做了同样的梦。"

仁宗延祐六年（1319），国珍生。塘下里出现"洋屿青，出海精"民谣。原来洋屿山往年不生草木，这一年突然草木茂盛，郁郁青青，人们说一定是海精灵龟再次出现了。方国珍管领浙东三郡后，人们又说方国珍就是海精灵龟变的。

周氏一直为伯奇生孩子，光儿子就生了五个：国馨、国璋、国珍、国瑛、国珉。方伯奇虽然柔弱，但他的儿子可是人精，非但把农田搞得井井有条，农闲时，还去盐场打工、运盐贩盐，方家的日子逐渐好起来。

有个仙居族人打听到方伯奇发达消息，来到方家投亲。伯奇让他住在自家，当作家人看待。一天，邻居徐大娘来借米，恰巧那天是路桥街妙智寺寿日，伯奇夫妻俩赶早去烧香，只剩下那个仙居族人。仙居人心想："如果不把米借给她，主人知道会不高兴；如果借给她，几时见她来还？现在主人的钱粮也差不多都是我们

用的。她借一斗，我就给她八升。反正有去无回。"

伯奇夫妻妙智寺烧香结束，伯奇去了外公家，周氏独自先回来，看见张大娘呆呆地坐在门口，周氏打了个招呼，张大娘没有回答，反而退进屋里，这种情况周氏以前是没有遇见过。恰巧李老太亦在门口，周氏问道："她怎么啦？"李老太说："她家昨晚就没米了。"周氏说："为什么不到我家去拿？"李老太说："去了。"周氏奇了："没拿到？"李老太："拿倒拿了，只是……"周氏不解："只是什么？"李老太："我也说不清，你自己去问就知道了。"说着也回进屋里。

周氏走进张大娘的家里，只见张大娘坐在桌边，桌上笸箕里放着米。周氏笑道："都快中午了，为什么不烧饭？有米无柴？"张大娘冷冷地回答说："有柴无米！"周氏看着笸箕里米，说道："这不是米？你来起火，我给你淘米。"张大娘道："别动！"周氏道："怎么啦？究竟什么事？"张大娘说："这是你家的米，我可还不起。"说着，呜呜地哭起来。周氏莫名其妙，说："谁说要你还的？究竟是怎么回事？你不要瞒，说出来给我听。"张大娘说："我说不要还的吗？我家现在穷，还不起，今后一定要还的。可是你家也不能这样，这一斗米，你拿回去吧！"说着，竟哭个不停。

周氏看着桌上的米，发觉这米好像不足，这才明白，邻居们的态度为什么发生变化。周氏当即说道："这米你放着，我马上就来。"周氏急忙回到家里，舀来三四升米，拿它充到张大娘的笸箕里，说道："这点米先用着，不够，再来拿；你放心，无论什么时候还，都不要放在心上。"

周氏从张大娘出来，满脸通红，觉得气闷胸胀。她叫来国珍，叫他赶快去把在河西外婆家父亲叫回来。伯奇看到儿子如此着急跑来，也不知道什么大事，立刻随儿子到家里。

周氏见到丈夫，就把此事告诉他，说："如果这样对待贫穷邻居，我们就不要在这里住了。"伯奇一听，竟有这样的事，这个一向温柔的好好人立刻大怒，把那仙居族人叫来训斥了一顿，说：

"做人最主要的是要诚实，尤其对穷人不能欺侮。今天你以八升作一斗借给人家，名是为我，实是害我，我不要这样的人为我打算，你还是另谋高就罢。"吓得那人直讨饶，伯奇就是不肯。那族人没法，只得到张大娘跟前认错。张大娘过意不去，过来讲情，伯奇夫妻才算罢休。之后，伯奇把这个族人推荐到女婿亲家陈家盐灶干活，不再让他留在自己家里。

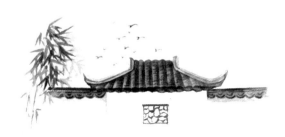

方国璋迎娶於家女

○ 管彦达 整理

路桥河西有一名门望族，出了个於泰，宋咸淳元年乙丑（1265）进士，为瑞安尉，权知县事，调昆山，廉静自守，政绩著闻。他的儿子叫於宜，於宜生了三个儿子：松友、竹友、梅友，已经是元代中期。

於家有邻居姓周，是个普通人家，会裁缝。每逢过年过节，或者需要缝补，周家人就会前去帮忙。周家有一女儿，叫瑶华，嫁给方家岘方伯奇，生有五个儿子。

一天，瑶华来找於松友，说道："老爷，我的儿子看到有许多小孩在您的学堂里读书，我的儿子也想读书，您允许吗？"

於松友道："我之所以把我办的塾堂叫'义塾'，不光让於氏孩子读书，也让其他孩子读书。你的孩子想读书。我怎么不允许呢？"

瑶华大喜，把於家允许自家孩子读书的事告诉丈夫。伯奇说："我种有田主许多田，一个人忙不过来，

需要儿子们帮我干活。"瑶华道："只有国馨大些，可以帮你干活，国璋、国珍尚小，就让他们去读点书、认几个字，日后也好帮你算账。"伯奇答应了。

塾堂老师叫於初翁，是於氏族人，一个人忙不过来，於松友又聘请了宾师杨德远。杨德远，高桥（今椒江沙王）人，是杨晨的族祖，杨晨的祖母是方家圳方氏后裔，因此杨晨把"国珍宾师杨德远"载入《河西杨氏家谱》中。

国璋、国珍兄弟都很聪明。国珍年纪小，不大懂事，坐久了会在课堂里做小动作；而国璋大些，好学安静，文质彬彬，更得山长和老师青眼看待。松友有个女儿叫桂月，也在塾堂读书，也贪玩，有时国珍会欺侮她，这时，国璋会来保护，及时阻止弟弟行为。因而於家女儿更愿接近国璋。

父亲去世后，国馨回盐场煮盐，农田无人管理，国璋、国珍只好辍学从事农田劳动。农闲时，国璋、国珍也会去盐场帮忙，有时国珍还去运盐贩盐，家境逐渐得到改善。

有一盐霸叫蔡乱头，看着国馨煎煮的盐越来越多，影响到他的地位。于是趁国珍外出贩盐之际，带领团伙趁夜来盗国馨牢盆（煎盐大锅），被国馨发现，双方发生械斗，国馨被蔡乱头伙人殴死。周氏得知长子被殴致死，带着国璋去求山长於松友，於松友兄弟带着周氏、国璋人去州衙告状。州衙收受了蔡乱头贿赂，推说需要调查，迁延不肯惩办。

国珍回来，得知长兄被蔡乱头殴死，对国璋说："与这伙人告什么状？血债要用血来偿。"立刻纠集族人盐工，拿着家伙去寻蔡乱头。国珍身长七尺，状貌魁梧，体白面黑，年纪虽轻，膂力绝人，力逐奔马。蔡乱头得知国珍回来，早就躲到海上去了。国珍寻他不着。

国馨既死，国璋当上家长，开始经营盐灶。此时蔡乱头已经亡命海上，无人可以作梗，国璋善于交际，盐场其他灶长也乐意

听从，国璋俨然是一场之长。而国珍贩盐已闯出门路，他带领弟弟国瑛、国珉与侄儿明善（国馨子），从事鱼盐贩运。兄弟一起努力，家庭变得富裕。遇有族人困难，国璋无不加以帮助，敬其老，存其孤。遇灾害粮食无收，乡邻饥饿，国璋拿出自家粮食，赈济贫弱。因此名声传遍乡里。

桂月年已二八，松友为女儿物色佳婿，女儿说什么也不肯。於母也很着急，但她比丈夫心细，经过多次试探，终于摸清女儿喜欢上周裁缝外孙国璋。于是松友夫妻找来於初翁、杨德远，请他们牵线，把爱女许配给方国璋。国璋喜出望外，原来他也喜欢桂月，得知山长夫妻愿把女儿嫁给他，喜出望外，很快将於氏小姐娶了回来。此后，桂月为国璋生下明巩、明敏（方行）、明伟三个儿子。

国璋为大家庭经营奔波，没时间照顾儿子，桂月就把儿子们带回娘家，大一点后又放入塾堂读书，因此明巩兄弟都学有所宗。

至正八年，方国珍起义。朝廷派兵围剿方氏兄弟，国璋只得带着两个大一点的儿子亡命海上。而桂月和小儿子，由其父松友托亲朋四处躲藏。

此后，朝廷对方氏兄弟屡剿屡败，屡败屡招。至正十五年，方氏兄弟终于占据台州、庆元、温州三郡。国璋家庭及外公家才得到安宁。

至正十六年，张士诚占据平江，元廷诏方氏兄弟征讨张士诚。方国珍率主力与张士诚部大战昆山，指派国璋进攻太仓。此时方行已十八岁，随父亲出征，勇猛异常，不久，攻入太仓。士诚没法，遣使者向国珍送款，请奉元正朔。国珍、国璋弟兄还，遂以节钺镇浙东，开治于鄞。元廷授国璋为衢州路总管兼防御海道事。方行也以功被授以江浙分省参知政事。

此时，元廷为中原红巾军所困，河运中断，京师粮荒，而海运亦中断，京师粮荒愈加严重，故元对国珍仍以招抚为主，要求

为其运粮。国珍把海运粮食交由国璋操办。皇帝下旨升国璋亚中大夫上万户。从至正二十年开始到至正二十二年止，国璋每年运送张士诚的十余万石粮到元大都去，结识了元廷许多官员。此间，元总兵官察罕帖木儿平定山东，江南震动。

至正二十一年，朱元璋遣千户王华挟三千金乘国璋海舟至京城与察罕通好。元随遣尚书张昶来庆元，准备经由婺州至集庆（南京）见朱元璋（正在此时，察罕被刺杀，事乃罢）。正在此时，婺州的苗将王保等杀朱元璋主帅胡大海，出奔仙居，欲投方氏。国珍拒收。国璋引百余骑至仙居，遣属僚馈保等酒牢金币，请约束其军。是夜四更，王保军围国璋住地，国璋想不到会有兵变，帅麾下力斗，手杀十数人而矛中折，遂遇害。

明巩、明敏（方行）闻父遇难，从庆元起兵来，还没到，而王保等间道出新昌，赴绍兴降张士诚。这一天是至正二十二年（1362）二月二十一日。

朱元璋闻方国璋为拒自己叛军被杀，遣使吊祭。元廷也赠国璋银青荣禄大夫江浙等处行中书省平章政事上柱国，追封越国公谥荣愍，妻子於氏被封为越国夫人。国珍将明巩兄弟收为义子，派明巩、方行去协助叔父国瑛镇守台州。

明巩兄弟奉母亲从庆元回到路桥河西。於桂月考虑到丈夫还有庶出两个儿子（德忠、德庆）和三个女儿，就把他们连同其母都接到自己身边，把丈夫之妾当作自己妹妹，把庶出子女当作自己子女。

方国珍喜娶姊妹花

○ 管彦达 整理

　　董家洋董大昌在路桥街做酒生意，家境富裕，他有四个儿女，大的是双胞胎女儿，即妙清、妙洁，小的是两个儿子，叫均诚、均信。

　　附近大族於家虽然也自家酿酒，终不及董家的酒好，遇上佳客来访，必来董家买酒，因此两家认识。董家子女大了，自然要到於家义塾读书。读书的小孩中，有山长的女儿桂月，周家的外孙国璋、国珍。桂月比妙清姊妹大两岁，因为都是女孩，很快成为密友。於桂月是名门闺秀，很少出门，有点怕生；而董家姊妹生活在市井之家，人来客往见得多。有男孩以为妙洁年小，欺侮她，国珍正欲前去维护，只见妙洁奋起反抗，竟把欺侮的男孩打哭，看得国珍十分开心。不读书时，妙洁把国珍带到家里，董家养有马匹，妙洁带着国珍四处闲逛。

　　李家洋李通的二儿子结婚，新娘是董家洋王家女儿。董家未去路桥时与王家是邻居，王家嫁女，董家

女儿自然去做陪娘。

李家洋与方家墈相连，李家结婚，国珍兄弟都去帮忙做厨下。方国珍看见新娘来了，赶快去把新娘、陪娘引入新房中。

农舍前晒谷场前摆放着一二十桌酒席，亲戚房份、左邻右舍聚集一起，十分热闹。

骤然间，十来个弓兵骑马来到，为首的是守备黄岩的沿海翼百户尹三珠和长浦小巡检马都鲁。主人家大惊，人们惊呼："尹山猪（尹三珠的纠号）来了！尹山猪来了！"原来元人统治江南享有初夜权。黄岩百户尹三珠带领士兵来享受初夜权。婚礼上乱成一片，尤其是妇女。年长的妇女赶快拉着自己的女儿逃走。

马都鲁突然发现董家姊妹，喜出望外，一把拉住红衣少女妙清。妙洁见旁边拴着马匹，立即把姐姐推了上去，解开缰绳，自己也跳上马背，往外冲。马都鲁看见妙洁骑上马，拿起马鞭往马身上猛抽，马狂怒地竖起来，把妙清掀了下来，不待妙洁下来营救，马立即狂奔起来。

突然，方国珍从斜刺里奔出，抱起妙清，跳上另一匹马，往外奔去。妙洁在前面奔，国珍在后面追，前面的马载着一个人轻，后面的马载着两个人重，眼看相差无几，就是追不上。妙洁的马沿一边岙路进去，绕弯又从另边岙路出来，国珍下马，从斜刺里奔了过去，跟着马跑了一小段路，一把拉住缰绳，又奔了一小段路后，把马勒了下来。

后面的弓兵追到，国珍把两匹马散放在岙路口，带着妙清、妙洁进入岙里，爬到山上。弓兵来到岙口，只见马匹，不见国珍与女孩，进岙搜索了一会，不见人影，看着两匹马在，带着马走了。

国珍见弓兵离开山岙，过了一段时间，来到岙口，发现弓兵确实走了，才带着董氏姊妹离开山岙回家。董家父母忽见国珍深夜送两个女儿回来，不知出了什么事。国珍和董家姊妹七嘴八舌把发生的事说了一遍，董家父母见女儿安好无损，十分欣慰。

为了防止事端，董大昌当夜就把女儿送往亲戚家躲藏；第二天，花重金打点各方人员。好在老巡检突然病重，马都鲁为了顺利接班，忙于找关系行贿台州达鲁花赤察乞儿察和总管焦鼎，无暇顾及其他。事情也就不了了之。

自此，董家父母不再反对女儿经常与国珍在一起。但父母不知道哪个女儿与国珍更要好。事情就这样拖着。

正在父母感到犯难时，这时发生了一件惊天动地的事。这一年（至元三年，1337）五六月间，民间传言朝廷将搜捕童男童女，送给鞑靼（指北方的蒙古人）做奴婢，而且要父母护送到达北方交割。一时间自中原至长江以南，人心惶惶，但凡有年龄在十二三岁以上的，便为婚嫁，也不用聘礼仪式，也不用车轿迎送，只要有人提亲，女的就急匆匆徒步跑到男家，因为只怕命令突然到来，来不及逃避。

在这种情况下，董家也顾不得了，赶快跑去与方家商量嫁娶之事。方母答应了，但董家还不知道该嫁谁？这时两个女儿发话了，说要嫁一起嫁，不嫁都不嫁。董大昌夫妻无法，只好同意把两个女儿一起嫁给方国珍。谣言经过一两个月才平息下来，但国珍已经娶到了一对姊妹花。这一年，国珍只有十九岁。周家姊妹只有十六岁。

两年后，周家姊妹各为国珍生下儿子。姐姐妙清生的叫方礼（明礼），妹妹妙洁生的叫方关（明完）。后来姊妹俩又为国珍生了三个儿子和五个女儿。

国珍想造新船出海做鱼盐生意，一时找不到像样的船桅，趁早来到南塘戴家借桅杆。南塘戴氏累富，从事木材生意，戴世官是南宋诗人戴复古的后裔。一天夜里，戴世官梦见自己家客厅的廊柱上有黑龙缠绕，屋舍为之震撼，惊醒后看看天还未大亮。这时家人前来通报，说有人找他，正在客厅里等候。

戴世官出来一看，是方国珍。只见国珍倚柱而坐，脸色因长

年在外暴晒，黑黑的。戴世官想，黑龙莫非应在方国珍身上？于是立即爽快答应给国珍桅杆，还邀请他一起用餐。席上，戴世官问起国珍家庭儿女情况。国珍告诉他已有几个儿子，最大的方礼已经八岁。戴世官大喜，说自己有爱女叫如玉，年方六岁，两家正可以结成亲家，就这样把婚姻定了下来。之后戴世官把方礼接到自家与儿子戴奎一起读书。就这样，方礼学有根本，诗也做得很好。

至正八年，冤家陈田主告方国珍通匪、欠租，十一月，州衙派巡检带弓兵抓捕方国珍。方国珍正在吃饭，遂左执食桌，右持大杠，格杀巡检马都鲁，弓兵一看巡检被杀，也就四散。事件上报到行省，江浙行省派参政朵儿只班率舟船往讨方国珍，国珍只好带着妻子与儿女亡命海上。朵儿只班被执，方氏兄弟将其放回，朵儿只班上奏，朝廷招降方国珍，授国珍庆元定海尉，国珍不肯赴，与妻子子女回到路桥。

至正十年，台州路总管白景亮组织民团剿捕方国珍，均失败而终。至正十一年八月，朝廷派大司农达识帖木尔至黄岩招降，浙东元帅泰不华决定趁机刺杀方国珍，被达识帖木尔阻止。黄岩百户尹三珠率百余人去捕杀方国珍，被方国珍杀死。之后，黄岩州正赵宜浩再次组织民团围剿方国珍，结果又大败。朝廷屡剿屡败，屡败屡招。至正十五年，方国珍占领浙东三郡，董氏姊妹和子女的生活基本安定。

至正十八年十二月，朱元璋军克婺州（金华），招降方国珍。十九年正月，方国珍献金给朱元璋，却没有真正归顺。接着衢州、处州相继降朱元璋。朱元璋势力大增，写信给方国珍，威胁说："吾闻顺天者昌，逆天者亡。今临濠兵精甚，所至无坚城，此殆天命之所在也，逆天不祥。"国珍没法，决定派儿子作人质。

至于派哪个儿子，国珍有些犯难。妙清说："方礼是长子，义不容辞，派方礼去吧。"妙洁说："方礼是长子，是我们家的接班

人，方礼不能去，派方关去吧。"姊妹俩争执不下。方关说："论学问，我不如哥哥；论交际，论随机应变，哥哥不如我。派我去合适。"最后确定派方关去做人质。三月，方国珍遣郎中张本仁以温、台、庆元三郡地图来献朱元璋，方关随之来做人质。朱元璋接下三郡地图，说道："古者虑人不从，则为盟誓，盟誓变而为交质子，此衰世之事，岂可蹈之？凡人之盟誓交质者，皆由未能相信故也。今既诚心来归，便当推诚相与，当如青天白日，何自怀疑而以质子为哉？"厚赐关放他回来。关后来改名完。

至正二十三年，国珍夫人、方礼之母董妙清去世，葬于庆元。

至正二十七年九月，朱元璋军克姑苏，消灭张士诚后，派大军剿灭方国珍。大军压鄞。国珍封府库，具民数，使城守者出迎，躬挈妻孥避去海上，派方完奉表投降。朱元璋览表，同意国珍投降。

洪武七年，方国珍生病，朱元璋遣使赐问，官其二子，礼，广洋卫指挥佥事；完，虎贲卫千户所镇抚。方国珍死后，方礼上表请于大都督府，移文中书，中书下礼部，于是尚书臣筹以其事上报给皇帝朱元璋。皇帝批曰：可。下令翰林学士宋濂撰写碑铭。宋濂撰写碑铭为《故资善大夫广西等处行中书省左丞方公神道碑铭》。之后，方礼又上表求葬其父京城外地，遂葬于南京城东二十里玉山之原。

洪武二十年，方礼、方关奉命筑城边海，为抗倭作出贡献。

朱元璋晚年，对方氏监管放宽，方礼带着弟弟回到路桥石曲，住在前方。今石曲方氏即为方礼兄弟后裔。

方国珍起义

○ 管彦达 整理

方国珍（1319—1374），父伯奇，母周氏，兄弟间排行老三。外婆周家与河西大族於氏邻居，少年时与兄国璋在於氏义塾读过书，老师叫杨德远（《河西杨氏家谱》）。

方家种着陈田主数十亩农田，父亲年老，仅靠长兄国馨一人忙不过来，于是国璋、国珍辍学回来帮助父兄干活。

方伯奇柔弱，见到田主连揖都不敢施，远远地看见田主过来，就早早退到农耕上，等候田主过去很远才敢回到路上继续行走。国珍觉得父亲过于恭主，对父亲说："田主也是人，为何要如此恭顺？"父亲回答："我养活你们兄弟靠的是田主之田，怎么可以不恭顺？"国珍不敢顶嘴，但心中不以为然。

父亲伯奇死后，长兄国馨回洋屿盐场烧灶，把农田的事交由国璋、国珍打理。盐场里有盐霸，叫蔡乱头，经常欺凌其他灶工，国馨难以对付，就叫国璋去协助。

农田之事，全交由国珍及弟弟打理。

盛夏时分，日头很猛。一天，国珍带着弟弟去农田干活。农田里有许多农民，个个被太阳晒着汗流浃背。这时一片乌云飘来，大家都盼望乌云能来到自己头上。只见那片乌云慢悠悠飘到国珍头上。更不可思议的是，国珍走到那里，那乌云就飘向那里。四周的农民们都惊呼起来。此事传遍当地，还被记载在县志中。

国珍也经常去盐场帮忙，熟悉各场灶主。农闲时，就帮助运盐。黄岩沿海各处盐灶所煎煮的盐，先要集中到黄岩盐场（在迂浦），再由黄岩盐场统一运输到台州各处。国珍凭着自己熟练的驾船能力，承接了洋屿及黄岩盐场的运输业务。这极大伤害到蔡乱头伙人的利益。但是蔡乱头不敢在国珍身上动手，因为国珍专门学过枪棒，还创编了一套拳法，叫"缩山拳"，动作朴实，水陆兼用，并教弟弟、伙伴使用（此拳后来还被戚继光借鉴过）。

既然不能在方国珍身上动手，蔡乱头就想到要从他的兄弟身上动手。方国珍运贩盐的基础是他的大哥有盐灶，且盐烧得特别好。一次，盐霸蔡乱头趁着国珍往外地运盐，来盗方家牢盆（煮盐大锅），双方发生争斗，国馨被殴致死。国璋请山长松友出面向州衙告状，但州衙收受蔡的贿赂，迁延应付，方家讨不回公道。

国珍运盐回来，得知长兄被蔡乱头殴死，大怒，说道："与这伙人打什么官司！血债要用血偿。"立即带领兄弟亲友来找蔡乱头算账。

国珍长身黑面，体白如瓠，力逐奔马。蔡乱头得知国珍回来，早已躲到海上去了。国珍没有找到他。

至正四年七月海啸，大风吹海水上平陆二三十里。粮食绝收，田主陈百万来催逼方国珍交租，国珍无粮交租，双方发生争执。田主指使手下来揍国珍，哪知国珍功夫了得，膂力过人，反而把田主带来的人揍得抱头鼠窜，悻悻而归，从此陈氏记恨国珍。

蔡乱头无法上岸，只能靠剽劫海商生活。行省悬赏寻捕。国珍与蔡有仇，又慕赏功，遂纠集盐伴数百，打算下海捉蔡。蔡惧，

贿赂台州路总管焦鼎，焦鼎就让蔡乱头归顺，府县不予追究。

至正八年（1348），再次发生海啸，黄岩沿海死者数千。此时，一个叫王复的海匪，原是蔡乱头一伙，蔡受赦后，王复不肯归顺，继续横行海上。一天夜里，他率领匪众用斧头劈开国璋家门，尽掠方氏兄弟家财，回到海中，恰遇福建海运舟北上，复掠之，执海运千户德流于实。国珍得到消息，立即带领数百族人盐工，趁舟追到海上，那王复一伙劫得财产粮食，正在洋洋得意，哪知道国珍突然杀到，王复哪是国珍对手，很快被国珍擒获，匪徒四散，国珍救出德流于实，归还其舟，德流于实得以回还。但他搞不清是怎么回事，只得向行省报告自己遇见海匪。行省惊动。

陈氏见方国珍势力增大，心中发虚，于是上告国珍通匪。官府欲寻捕国珍，国珍极力疏通，无奈州官府受陈氏贿赂力度更大，寻捕如初。

陈氏一面告状国珍通匪，一面逼国珍交租。一天，陈氏少爷主仆来国珍家讨要欠租。国珍说："今年又遇台风，粮食无收，哪来谷子可以上交租谷。你若宽限一些时候，我则想法从外面买些谷子来上交。"陈小万怒道："不行，你再不上交，我则立即将你告到州衙，派人来把你抓到监牢里，不给你吃些苦头，看你还交不交租谷！"陈氏仆人道："把你抓到监牢里，你的两个老婆怎么办？你看你两个老婆生得还不错，不如抵给我家少爷，今年的租谷就可以宽限了。"国珍十分恼怒，但没有发作，好言道："你们息怒，我一定会想办法。现在已经中午，你们也说了许多话，已经饿了，我家养了几只肥鸡，也酿了一些米酒。我叫家人把鸡杀了，请你们吃饭喝酒。租谷的事我已吩咐家人出去措办了，或许过些时候会借到一些的。"主仆俩一时讨不到租谷，看看国珍如此殷勤，加上肚子确实饿了，这主仆俩也白吃惯了，商量了一下，仆人道："你如果能叫你老婆相陪，则我们留下来吃饭。"国珍道："好说，好说。"叫家人烧好鸡，拿出家酿米酒与他们对饮，主仆贪饮，开

始痛饮，加上公子哥儿有赌酒的习气，拉着董氏姊妹陪饮，一杯又一杯，不肯罢手，谁知国珍酒量大，董氏姊妹家开酒庄，酒量也不少，主仆哪是他们对手，竟然双双醉死。国珍见闯了祸，秘而匿之。陈家不见少主仆回来，前去询问。国珍说"早已回去了"。陈家不信，问于邻居，邻居也说不清。陈家上诉于官，官府派人调查，国珍始终不肯承认。

十一月，州衙以国珍通匪、欠租派巡检率弓兵往捕方国珍。时国珍方食，左执食桌为盾，右持大杠为矛，格杀巡检，弓兵一散而光。国珍对家人说："朝廷失政，统兵者玩寇，区区小丑不能平，天下乱自此始。今酷吏籍之为奸，媒蘖及良民。吾若束手就毙，一家枉作泉下鬼，不若入海为得计耳。"家人同意。遂与兄国璋、弟国瑛、国珉，侄明善及相关亲戚乡邻起义，在家乡树起一面旗，上书："天高皇帝远，民少相公多。一日三遍打，不反待如何！"这就是有名的《台、温、处树旗谣》。旬日间得数千人，入海劫掠漕粮。

漕粮被劫，震动江浙行省。行省派参政朵儿只班率舟师往讨，国珍率义军往南逃避。朵儿只班追至福州五虎门，方氏兄弟焚舟将遁，官船躲避不及着火，大乱，朵儿只班被方氏兄弟所执。国璋来见朵儿只班，为其松绑，向他说明方家兄弟并未通匪，是仇人诬告，福建海运舟是蔡乱头党徒王复所劫，是自己兄弟救出德流千户。官府误会派兵来抓捕，他们兄弟不得已逃入海中。国璋放回朵儿只班，要求他为其申冤。

朵儿只班的兄长朵儿只当朝宰相，朵儿只上奏朝廷，说明海运舟被劫实情，要求招降方氏兄弟，朝廷同意，授国珍庆元定海尉。国珍受官不肯赴，回到家乡，聚兵不解。

此时，白景亮代替月鲁花帖木儿任台州路总管，他一改对方氏宽容的态度，决心剿灭方氏兄弟。至正十年，他派黄岩州百户尹三珠率弓兵围捕方国珍，结果尹三珠被国珍杀死，他见州衙无法剿捕

方氏兄弟，又组织陈恢、应允中、陈宣、赵师闾等组织民团围剿。

陈恢，泽库人，他与毛贞德、许伯庄一道组织民团，往讨方国珍，方国珍率领兄弟与战白枫河。陈氏宗族死者八十余人，陈恢逃避山中，忧愤成疾而卒；毛贞德扶幼子允泰遁山谷匿名姓，自号流离翁；许伯庄被国珍抓住，伯庄表示服从，国珍放掉他，他立即逃往他处。他的儿子楚材带着母亲及弟弟藏匿到圣水山，过了十来年，方国珍已经占据台、温、庆元，许伯庄忽然回来，一家人喜甚，方国珍也不再追究。百年之后，谢铎来了白枫河，写下《白枫河》诗，下注（按元末方国珍起事，里人陈恢御之于白枫河，兵败而死）：

白枫河，河水满地流洪波，
波声入海争荡摩，
蛟螭夜泣愁鼋鼍，
呜呼，壮士可奈何！
白骨两岸高峨峨。
君不见，河之水，深不极，
至今下有含冤石！

另有应允中，字得闻，甓下人。方国珍反，允中与朱俌、潘义和等潜募勇壮几万人，与方氏兄弟战于半野桥，允中坠水死。郡将泰不华闻于朝，赠临海尉，旌其门。

陈宣，字钦召，太平乡人。方氏寇海上，令郭仁本等劫宣，不从。遂倡合乡兵御之。仁本遗党纵火焚其家，宣度势不可敌，乃自刎。葬黄大田山，州正赵宜浩书其碑曰“独节陈宣之墓”。

还有坞根赵师闾、土鼓里张克明、太平萧载之等，亦参与围剿方国珍，但这些围剿，都被国珍兄弟一一挫败，至正十三年六月，方国珍占领黄岩城。十四年九月，方国珍陷台州。

方礼、方关回乡祭祖

○ 管彦达 整理

　　方国珍娶董氏双生姊妹：妙清、妙洁。两三年后，两位妻子各为国珍生下一个小子，妙清生下长子方礼（明礼）；妙洁生下次子方关（小名亚关）。董氏姊妹还为国珍生下本、则、安三子及女儿五个。

　　方礼，字德庭，八岁时，国珍去南塘戴家借桅杆，主人戴世官梦见黑龙绕柱，醒来时国珍恰巧来访，就将自己爱女如玉许配给国珍长子方礼。

　　戴世官是南宋知名诗人戴复古后裔，自从方礼定于戴家准女婿后，戴世官就把方礼接到自家读书。方礼从小就受到诗书门庭的培养。与他同岁堂弟方行（二伯国璋次子），却在外家河西於氏义塾读书。两人接受教育的家族不同，但同样学有所根。

　　国珍占据浙东三郡后，视方礼为接班人，一直带在身边，人称"方小指挥"。国珍手下有众多谋士，如刘仁本、张本仁、谢理、朱右、丘楠等，都是文史行家，方礼与他们游，学习诗文。

　　至正二十年 (1360)，刘仁本治师会稽余姚州，仿照兰亭的景物对秘图山进行改造，种植奇花异木，修建了一座亭子，取名为"雩咏亭"。此年三月三日，仁本召集当时的名士召开"续兰亭会"，其中有谢理、朱右、赵俶、僧自悦（号白云）、王霖、朱绅、僧阜、徐昭文、郑彝、张溥、僧福报等。聚集在秘图湖边，曲水流觞，举行修禊礼。而且要求其中的四十二位按照晋人兰亭修禊原诗之韵，再赋诗唱和。有文章说刘仁本"请的人一大半都是无名小辈。方家最负才气的方行没有请，方国珍的长子方礼没有请"，其实方行与堂兄方礼、方关都参加，只是此时方行、方礼、方关只有二十出头，作为后辈，出于对长辈的尊重，方行兄弟只是陪伴上述名士，为他们服务，没有参加作诗，因此在刘仁本《序》中没有提及。

　　国珍投降朱元璋后，朱元璋授他广西行省左丞，留在南京领俸禄。方氏的族人被迁往濠州及广西等地。方礼、方关、方行等也在其列。

　　洪武七年，方国珍待宴，突然中风，朱元璋允许他的儿子回到他的身边。并授方礼为广洋卫指挥佥事，方关为虎贲卫千户所镇抚。

　　之后，倭寇的掠夺渐趋激烈，浙东民心未靖，朱元璋决心加强海防，除了让方礼、方关参与浙东事务外，还任命明敏、明谦为总管加以统理。方礼、明谦向皇帝进献筑卫所城抗倭策略。朱元璋采纳方礼、明谦建议，洪武十七年（1384）开始筑城。方礼在管理浙东事务时，回到家乡，攀登黄岩九峰山，作《登九峰山绝顶》诗：

　　　　东风吹我上崔巍，回首尘寰图画开。
　　　　九朵峰峦联寺塔，一弓江水护楼台。
　　　　鲁桥车马随花柳，彭冢麒麟卧草菜。

说起兴亡吟不了，特敲松屋问寒梅。

"吟不了"，是没有办法吟说。那九峰周围的鲁神庙桥、彭龟年、椿年二进士的墓都已荒凉，只好敲着松屋，问问寒梅而已。

而方关在抗倭上贡献更大。全祖望《鲒埼亭集》言："而国珍子亚关，旧尝在金陵为质子，建言当筑城于沿海以防倭，太祖诏下信公施行，于是始筑定海等处十一城。定海城为卫，而以大嵩、穿山、霩衢、翁山四城隶之；观海城为卫，而以龙山城隶之；昌国城为卫而以石浦、钱仓、爵溪三城隶之。皆以亚关之言也。"

抽丁筑城，彻底扭转洪武抗倭局面，从此倭寇不敢骚扰我国沿海，但对百姓来说，筑城负担太重，招来不少怨言。朱元璋为了平息民怨，拿方明谦开刀，处以极刑；把方行发配到云南。而对方礼、方关兄弟，则放宽不问。方礼、方关虽逃过一劫，如坐针毡，日子并不好过。朱元璋晚年，对方氏约束渐宽，方礼得以回乡祭祖，受到族人欢迎。方礼查看方家旧居，早已圮坏，于是在石曲新择地基，建筑居室。等到新居建成，方礼领着弟弟关、本、则、安，迁回路桥石曲。

关于方礼回迁故乡，同是台州人同朝为官的方孝孺有言"故然有后嗣如小指挥（即方礼）之还台"。《石曲方氏宗谱》记载更为明确："世居洋屿，后迁石曲（乾隆《始修谱序》）"，"是以国珍公前代世居洋屿者，为远祖列外纪，以国珍公后裔转迁石曲者，为近祖列内纪（蔡骥《四修谱序》）"，"今拟以世居洋屿者为远祖，转迁石曲者为近祖（十二世孙潢《四修谱后序》）"，"子孙仍转黄岩石曲，名其里曰前方，自是黄岩石曲始有方氏焉（方来《新定石曲方氏源流考》）"。

随着方氏后裔繁衍，前方住宅容纳不下，又新建住宅，称后方。《石曲方氏宗谱》又载："方氏聚居石曲，本无散处，旧谱载外迁玉环、石桥、鉴洋诸处者，皆谓源俱出后方。"

包彝古与明成祖御批案

○ 管彦达 整理

包昶，字彝古，号兰雪，明经（贡生）出身，以字行，人称包彝古，路桥下包人。他先为楚王府纪善。所谓"纪善"，为明代亲王属官，掌讲授之职，正八品。

楚王朱桢是朱元璋的第六子，胡妃所生，诞生之日恰逢平定武昌的捷报到来，朱元璋高兴，对胡妃说："这个儿子长大就封他为楚王。"洪武三年（1370），刚满六岁的朱桢就被封为楚王；洪武十四年（1381）朱桢就藩武昌。被赏赐银两万两、黄金一千六百两、钞二十万锭，其护卫军赐钞两千两百锭，赏赐不少，但比他几个哥哥还是少很多，毕竟不是嫡子。从建文帝削藩没有动朱桢看，他应该是站在建文帝一边。但当朱棣赶走建文称帝后，朱桢率先来南京朝拜称臣。这一点让朱棣满意，故此让他回武昌，并且赐彩币二十表里、钞两万五千锭。

朱棣篡位遭到像方孝孺（台州宁海人）一类儒家人物的反对，为的是统一思想以及标榜自己的"文

治武功"，朱棣决定修一部集古代典籍于大成的类书《永乐大典》，他召集天下孺子，因包彝古是楚王朱桢纪善，也在其中。包彝古既是路桥人，少不了把家乡内容收集到《永乐大典》中。《永乐大典》卷之二千二百六十九《湖》中载有"天赐湖"内容："天赐湖，《台州志》：在黄岩县东南五十里阻浪山下，水极清洌，岁旱溉田千顷，故老相传，以为不假浚凿，天实赐之。《赤城续志》：绍兴中渔人网得古印，方四寸，背有文曰：……"《永乐大典》初名《文献大成》，明成祖亲自撰写序言并赐名《永乐大典》，全书 22877 卷（目录 60 卷，共计 22937 卷），11095 册，约 3.7 亿字，汇集了古今图书七八千种。

《永乐大典》副本毁于战乱和火灾，现今仅存 800 余卷且散落于世，而关于"天赐湖"的残卷却幸存于世。

《永乐大典》竣事后，包彝古被朝廷授予蕲水知县。

朱棣当上皇帝后，对建文党人展开严厉清查。永乐九年(1411)，包彝古被人告发在建文年间，曾经写过《进楚王书》，内中称朱棣为叛逆，就这一条，被法司拟为死刑。但因其在朱棣进兵时，楚王朱桢没有妄动，又在朱棣夺得政权后朱桢第一个进京祝贺，所以对于朱桢属官永乐帝网开一面，开恩将包彝古发边远充军，法司定地甘肃。谪戍前，儿子来送行，包彝古写了《别子》诗：

诸儿奉母归东浙，阿父从军渡北江。
只为圣朝家国事，百年骨肉泪双双。

把"贬谪"说成"从军"，不无自豪。因其被当作建文党人而贬谪，包彝古名声大振，成为继方孝孺后台州又一名人。

再说黄岩有一富商叫夏吉，专门修了一座豪华的文馆，延揽文士读书作画，赋诗谈文，还资助穷文人参加应考。

黄岩有一穷秀才叫陶爱，听说豪富夏吉延揽文人，吃住全不

花钱，便前来投靠。一天夏吉到义父马先天墓上祭祀后，来到文馆。书房内只有陶爱一人在读书，便走了进来与其闲聊，陶爱道："吉翁不但富有，且善于为人，您生平所做之事件作让人敬佩，普天之下的人都愿来投靠在您手下。"两人攀谈起来，陶爱一面奉承夏吉，一面自吹自擂，夏吉以为陶爱是不可多得的人才，于是劝他赴省考试，又怕他缺少盘缠，拿出百两银子赠送。陶爱说："吉翁此举差矣，陶某读书只求自乐，功名之心淡矣。吉翁文馆藏书甚多，我寄居于此并无别意，只为能够读书，岂有旁求。"他嘴上虽然这样讲，却还是把银子收了。心想，夏吉连个秀才都没有，可见没有学问，而竟这样豪富；而自己学富五车，却怎么也考不上举人。这世界也太不公平了。

两人成为深交后，夏吉让陶爱浏览他珍藏书稿，陶爱看到包彝古的《进楚王书》书稿，这是禁书，夏吉竟敢私藏，太不可思议了。原来夏吉购买许多书籍，凡是善本（手稿）不论多贵，照买不误，得知有本县名人包彝古《进楚王书》书稿，夏吉花重金购得，更是珍藏，视若珍宝，平时不轻易示人，自认陶爱为知己后，才让他观看自己秘藏。陶爱先是感到吃惊，接着一想，心中大喜。原来，按照《大明律·刑律·贼盗·谋反大逆》规定："知而首告，官为捕获者，止给财产；而谋反及大逆之人，不分首从，皆凌迟处死，还株连家族。"其首告者可以得到罪犯大部财产，陶爱感到自己机会来了。

一天，夏吉家突然来了数百衙役兵丁，将夏吉一家无分老幼姻亲、奴仆家人，全部逮捕。夏吉问："你们是什么人？我犯了什么事？"带头官员说："我们台州府衙役。你私藏包彝古反书，就是谋反叛逆。这不但要全家杀戮，而且要株连九族。"夏吉讲："那包彝古也不过是遣戍甘肃，我家有其书，怎么能够算谋反叛逆呢。是何人诬告？"带头官员讲："乃黄岩秀才陶爱所告。如今反书已经被我们查获，算不算谋反叛逆？陶秀才说不算，我等说也不算，

要法司定罪奏请皇帝裁决。"

台州官员虽然同情夏吉，但谋反大事，不敢隐瞒，逐级上报到司法部门，最终到了永乐皇帝手中。永乐皇帝翻阅案情，发现原是包彝古《进楚王书》。以前朱棣下狠手严查建文党徒，而如今当上皇帝已十来年，皇位已经巩固，他想让朱桢做个榜样，故不愿再苛究以前之事，当即批示道："此必与豪民有怨而欲报之。朕初即位命百司凡建文中上书有干犯语言，皆朕未即位以前事，悉毁之。有告者勿行，今复行之，是号令不信矣。况天下之主，岂当念旧恶，如唐之王、魏，太宗弃宿憾而信任之，卒相与成治功。帝王之帝，如海纳百川，无所不容，故能成其大。岂可一一追究往事，所告勿听。"把自己比作唐太宗时王珪、魏徵，若是如此，则不会严查建文党人，把包彝古发配到甘肃。不过此时，永乐帝却冠冕堂皇，不愿再追究往事。

皇帝不愿追究，夏吉谋反大逆罪名不成立，陶爱便要承担诬告责任，法司将之发配甘肃充军，让他与包彝古为伍。一个名人要与一个恶人在同一处所相见，此事有些滑稽。但上天却不让滑稽事发生。陶爱因诬告而人们广知其恶人，加上家道本来就不好，押解去甘肃路上缺少盘缠，押解之人岂能够善待，缺衣少食，得病无医，没有到谪戍之所，便病死于路，一副草席裹身，葬于异乡。解差回来交差，上司嫌恶其人，也懒得追究。

而夏吉回来之后，不再附庸风雅，他将文馆改为慈善堂，专门收养鳏寡孤独及遗弃孤儿孤女，开设塾馆，教孤儿孤女识字。他将大部分钱财用于慈善事业，自己也得了好报，九十无疾而终。

此案在《明太宗实录》记有梗概，主要在于收录永乐帝的批示，得以为世人知晓。

林灏素餐雅宴文士和诗

○ 管彦达 整理

　　明代前中期，宣德至成化50多年间，路桥出现五位进士。林灏，宣德八年癸丑（1433）进士；罗洪，景泰二年辛未（1451）进士；吴暠，成化十七年（1481）进士；刘致中，成化二十年（1484）进士；李纲，成化二十三年（1487）进士。

　　林灏，字洪端，号毅斋，中庄人，宣宗宣德四年己酉科举人，八年癸丑曹鼐榜进士，刑部郎中。

　　林灏退休后回到家乡中庄（今辟为路桥机场），优游务农，不再顾问世事，自称"蒙谷山人"。有一天，他把文人好友邀请到家里，说"有好菜招待他们"。朋友欣然来到。大家畅谈了一会后，林灏拿出自己绘的一幅图画给大家看。只见茅屋旁边有一条小河，小河对岸有农田和菜园，一座小桥与之相连，一个老人荷锄走在小桥上，往菜园方向行走。大家看过后，都说好，这是他们也想过的生活。林灏指着图说："各位仁兄，今天邀请诸君来，不为别的，就是想请大家

走出这个茅屋，踏上这座小桥，通过这条小径，到我的菜园看看我种的菜。"大家说"好"。林灏带着朋友离开宅所，沿着小桥、小道到了菜园。说道："这菜是我亲自种的，有芥菜、乌菜、白菜、芹菜。我从栽菜苗开始，晴时从小河舀水浇它，下雨就疏通排水，看着它天天长起来，就等你们来品尝。今天菜已成熟，大家挑吧。"他们挑选最鲜嫩的菜，装进篮子，在近旁的河中洗净，拿回家，林灏亲自下厨房，把菜烧熟，端到桌上。

林灏举起酒杯，道："这酒也是我自己酿的，诸位品尝。不过，这菜不是白吃的，吃过后，还请诸位留下诗篇。不过，我先来，大家稍后再来，不分次序，想到就来。"吟道：

岁晚山中熟稻粱，谁寻幽壑陟羊肠。

荠盐馈客为嘉味，爱尔披图菘芹香。

听了林灏《咏菜诗》后，大家说"好！"林灏道："我只是抛砖引玉，还望诸位仁兄赐教。"

黄绾道："既承蒙谷先生有请，我先来几句，不当之处，望请诸位赐教。"吟道：

钦月餐风当颗粱，白头随处可诗肠。

笑渠举步三年懒，长守书帏伴蠹香。

黄绾（1477—1551），字宗贤、叔贤，号久庵、石龙，洞黄（今温岭市岙环镇照谷村）人。黄孔昭之孙，黄俌之子。少时求教于谢铎。后承祖荫官后军都督府都事。正德五年(1510)结识王守仁，称门人。嘉靖六年六月，帝念"议礼"之功，授黄为光禄寺少卿，升少詹事兼侍讲学士，参与编修《明伦大典》。次年，升詹事锦衣金事、南京礼部右侍郎。时王守仁率军平息广西田州八寨少数民

族起义，殁于归途，遭桂萼诬陷。黄绾二次上疏辩冤，表示"今尊毁师，臣不敢阿友以背师。"将女嫁王守仁之子王正亿，携至南京。嘉靖十八年，任南京礼部尚书兼翰林学士。嘉靖二十年，以年老辞官归家，传播阳明心学，著书立说。黄绾晚年寻墓葬风水宝地，看到桐屿街道凉坑堂常乐寺后东盘山，十分满意，预先留下摩崖自铭；不过此地早被池家从常乐寺僧手中买走，黄家在这场官司中败诉而将黄绾的墓砌在羽山黄家祖坟旁边。

黄绾开了头，接着朱谏吟道：

> 一箸黄斋一箸粱，广文留得旧肚肠。
> 白头惟有梅花句，细嚼冰霜齿共香。

朱谏（1455—1541），字君佐，世居瑶岙。因地处雁荡之南，故自号荡南。弘治九年进士。历任歙县、丰城县令，继升赣州、吉安郡守。办政事识大体，不屑于小廉洁，所建立之事，皆能留之久远而便于民。在吉安郡守任内，预先觉察到宁王宸濠有异图，于是积极储粮募兵，浚修濠堞。离郡后二年，宸濠果反，因早有防范，继任者很快予以平息。晚年优游家乡，多所题咏，著有《宋史辩疑》《学庸图说》《李诗辩疑》《李诗选注》《荡南集》和《雁山志》。

应纪吟道：

> 霜粒慵分雁鹜粱，闲门弹雀自宽肠。
> 肉盘不若蔬孟好，爱熬书斋木箸香。

应纪，继休人，本县教谕，余不详。
王钦吟道：

> 饱得嘉蔬异稻粱，最堪传说胜充肠。

更须赋就冰壶传，并入词人翰墨香。

王钦，号道峰，院桥柏山人，正统七年（1442）进士，曾为芦阳余廷美作《罗川闸记》。其孙王启，成化二十三年进士，先任南道御史，弹劾皇亲张鹤龄纵奴掠民。后任江西按察司佥事，按察副使。修葺白鹿洞、濂溪两书院和文天祥祠。正德四年，与宦官刘瑾相忤，降为广西容县知县，继而免职候命。次年刘瑾被诛，复官，历任四川蓬州、南友知府、山东按察使、江西右布政使、广东左布政使。同年，少数民族起义，王启督饷有功，升都察院副都御史。嘉靖三年，任刑部右侍郎。六年，刑部审理山西邪教头目李福达勾结武定侯郭勋一案，遭革职、流放。王启出狱回家隐居而卒。

赵大佑吟道：

生平湖海梦黄粱，历尽人间冰炭肠。
风雨声中忽惊觉，始知幽谷蕨薇香。

赵大佑（1510—1569），字世胤，号方崖，冠屿（今属温岭市）人。嘉靖十四年进士，授凤阳推官。调任广东道监察御史，巡按贵州时，宣慰使安万铨不法，巡抚刘某受安贿赂，威逼大佑宽大；大佑笑道："人臣苟利社稷，死生以之，吾何爱一身哉！"安万铨知不可逃脱，穿囚衣服罪。为刑部侍郎，奉命审查尹庶人；严嵩嘱宽大对待，大佑不从，历数尹之罪过；严嵩恨极，激世宗怒，贬官二秩。后复起用为刑部尚书。齐庶人杀害仆人，却诬陷儒生陆某，法曹畏势不敢断，大佑毅然断之。太监马广犯法当处死，有人行重贿求缓办，大佑立奏朝廷杀之。有一冤狱数年不得昭雪，大佑为之平反。官终南京兵部尚书。善书法，有晋人风骨。诗文温雅俊爽，有《燕石集》。

叶良佩吟道：

> 辟谷何须苦恋粱，缟庐风雪惯吟肠。
> 共谁蔬笋分清味，对越惟供一炷香。

叶良佩，字敬之，号海峰，太平人，登嘉靖二年（1523）进士，官至刑部郎中。著有《海峰堂前稿》及《周易义丛》。嘉靖十九年（1540），总纂《（嘉靖）太平县志》。

蔡云程吟道：

> 不缘疏食叹无粱，此是狂夫旧肺肠。
> 自许文章夸脍炙，与翁便腹共分香。

蔡云程，字亭之，临海鹤田人，嘉靖八年（1529）进士。官至刑部尚书。诗文有《鹤田草堂集》十卷，《四库总目》传于世。

叶恒嵩吟道：

> 缘葵紫蓼胜膏粱，漱石幽人别有肠。
> 家有小园堪种菜，何须鸡舌始闻香。

叶恒嵩，太平人，嘉靖中南宫县令，为政惠善，他修了第一部《南宫县志》，从那时起，南宫县成了有史可查、有文可证的一方名邑。嘉靖三十八年(1559)在嵩山顶之上建观风亭和紫微书院。后来叶升到了大理寺评事。

大家吟完，林灏一一记录下来，命名为"和蒙谷山人咏菜诗"，记载在《中漳林氏宗谱》内，使我们获得一次明中期文士聚餐雅会实况。

蔡德懋散财抗倭

○ 管彦达 整理

蔡德懋，字遗立，路桥前蔡（邮亭）人。家有薄财。早在嘉靖二十年（1541）和二十四年，黄岩和路桥两次遭受台风洪水袭击，粮食无收，饥荒严重，蔡德懋两次开仓放粮赈济灾民。当地的百姓十分感谢他，黄岩知县赠蔡"义士"匾，以表彰他的义举。

明嘉靖年间，倭寇活动空前嚣张，与东南大陆当地不法分子相勾结，严重威胁人民生命财产安全。

嘉靖二十七年，明朝派朱纨巡抚浙江。朱纨到任后，击杀了通倭的李光头等人。朱纨的海禁触犯了通倭的官僚、豪富地主的利益。他们指使在朝的官僚"劾纨擅杀"。结果，朱纨被迫自杀。自此以后，倭寇更加猖獗起来。朝廷派两广狼士兵在浙江抗倭，这些兵不打倭寇，专打百姓，百姓苦不堪言。

蔡德懋深知依靠官兵剿倭是不可靠的，便把当地的青年组织起来，保卫自己家园。他拿出自家钱财，购买刀枪棍棒，分发给他们。义军不拿工资，平时亦

兵亦农亦商，忙里劳动，闲时练兵，遇有紧急情况，鸣锣聚众，各人拿起武器到邮亭祠庙集中，听候调遣。

嘉靖三十一年（1552），倭贼大扰浙东。四月，倭寇头目徐明山自海门登陆，卫所明军溃散，倭寇屯栅浦，大肆抢掠。徐明山知道路桥是商业之地，十分富裕，从北向南一路过来，侵犯路桥。

蔡德懋得到情况，立即聚集义军。乡民们知道后，也自觉拿起锄头铧锹、斧头菜刀、门栓竹杠，参加到义军队伍中来，他们一起来到邮亭庙，听候蔡德懋的安排。

蔡德懋就在路桥街的北边布置防御，他叫人把东河段的桥板尽行撤去，只留河西的一座桥，义军就埋伏在桥边。

倭寇到了路桥北边时，看见进入路桥主要的桥已被拆去，正在没法时，却见一小孩在墙后露出头来窥看。倭寇就把小孩揪出来，叫翻译问，这河上还有桥吗？小孩害怕极了，用手指指西边，说西边还有一座，来不及拆。倭寇大喜，立即叫小孩带路。小孩不肯。倭寇头目说，不带，就杀掉你。小孩没法，只得带倭寇走向河西桥，刚到桥上，小孩突然扎进河里，逃走了。

倭寇大惊。这时埋伏在四周的义军从四周杀出，大家向倭寇扔石块、铁块、草刀、割刀，倭寇想从桥上退下来，却遇到从四面八方拿着锄头赶来的农民，想前进，又见前面满是拿着斧头铁锤菜刀的居民。

倭寇在情急之中点起火来，烧着旁边的民房。想让义军居民去救火，自己好金蝉脱壳，乘混乱逃跑。不想居民见倭寇放火，更是愤怒百倍，他们不去救火，却拿起着火的木头与武器，拼命杀向倭寇。

倭寇没料路桥民众是如此勇猛齐心，顿时被杀得溃不成军，落荒而逃。而民众却穷追不舍。这一仗，义军擒斩倭寇首领 10 名，杀死倭寇数十，只少数倭寇逃得快，才溜回海门。路桥人民大获全胜。

倭患平后，黄岩知县傅偌到路桥慰问民众，台州知府马钟英在城隍庙立碑表彰，南京刑部右侍郎王宗沐（临海人）题词"慨安"。为了纪念蔡德懋带领民众抗倭取得胜利，路桥民众就把河西桥改名为得胜桥。

这次倭寇焚烧房屋，蔡家及邮亭附近民房都被烧毁。当地百姓重建邮亭，改名为福星亭。自此之后，蔡德懋继续训练义军，保卫家乡。在很长时间内，倭寇即使侵犯沿海各处，也不敢贸然进入路桥，路桥人民总算得到了安宁。

蔡德懋长街喋血

○ 蔡啸 整理

开凿官河水流东　长街商贸日兴隆
岂晓倭奴扰乡里　义士生死决雌堆

　　以上四句定场诗讲的是 467 年前路桥人民抗倭的故事。话说残唐五代时期，黄岩县南门外的官河开凿直通邻县温岭的温西，给本县的路桥人带去了勃勃商机。至南宋之年，一百多里的官河开凿完工，路桥人占地利捷足者枕水开店，后来者隔街造屋，把路桥开辟成商品集散的商埠。到明朝嘉靖年间，路桥已万家灯火，长街十里，街景是"南北货号开南北，银楼当铺各西东，绸缎布庄抬头见，酒肆茶楼说唱中……长街北端有一宅院，三面高墙，门前石狮镇户，院内种梅栽竹，并建有"练武场"十分清幽，门上刻有对对联："有竹有梅门第，半村半市人家。"由此可知是士庶人家。

　　庄院的主人是蔡氏四兄弟，德密、德懋、德隐、

德恺，四兄弟中老大、老三、老四俱已娶妻生子，唯有老二德懋未娶。德懋表字贵立，他生得魁梧奇伟，胸怀大志，从小要学卫青、霍去病建功立业，他二十八岁了还孑然一身，他延师教习武功、终日使枪弄棒，武功十分了得。

大哥见他不婚，关心地对他讲：二弟，俗云"不孝有三，无后为大"，你也该先成家，为祖宗传接香烟。德懋笑讲：你和三弟、四弟都有子嗣，祖宗香火，一脉相承即可，我还以功名为重。大哥见劝说无效，回房诉于妻子，希她出面再劝，其妻寻着德懋装着关心的样子讲：二叔，昨日你三嫂和小嫂和我商量，她俩想分家自立，难为你还未成家，所以话到嘴边又缩回去，依我看现在是悠悠万事，唯你的婚事为大，你打光棍，我们也不好回话。德懋听后叹道：爹娘留下良田四百，四股匀分每户不过百亩，单过日子尚可，但想在地方上做些善事，就势孤力单，力不从心了。大嫂，不是我不想成家，我现在正在物色。想寻一户独女人家，我愿上门做入赘女婿去，家中财产分于我三兄弟，老话讲"独个圈，连桩掼"，哈哈，我就是这个主意。大嫂见他嬉皮笑脸，知非本意即讲：这事是可遇不可求的，皇帝的图单凭想是想不来的，讲罢她快快而去。

德懋本是开玩笑，岂知无独有偶，此时的确有一家独女在等他。离路桥十几里外钱屿地方有个老财主陈秋山，他家有良田千亩，广有资财，膝下仅有一女，闺名慧娘，她幼承庭训，长端母仪，她和德懋同庚，年纪也二十八岁了，还没婚配。他父亲着急，经常对她唠叨：你到底要寻怎样的夫郎？你相过的后生已有"两打"，难道一个都不中你的意？

慧娘：爹爹，女儿见过的后生，大多是酒囊饭袋，有的是绣花枕头，中看不中用，有的酸溜溜的，讲话娘娘腔，令人见之作呕。我只求抱负远大，能守分律己，懂点文武本事的，这要求不算高吧？

陈财主见女儿的要求和自己熟悉的蔡德懋颇合，于是他托人

作伐让德懋和女儿见上一面，岂晓两人一见，惺惺相惜，大有相见恨晚之感，于是陈财主就把女儿许给德懋，并不让他做上门女婿、他把田园财产都给了他夫妻，自己随女到路桥帮女婿照料钱庄，管理武馆，德懋果然"独个囡，连桩摜"。

蔡家得了陪嫁的良田巨资，德懋的兄弟嫂都不再讲分家了，大家公推由慧娘做"内当家"，经过三十年打拼，蔡家田园金帛已翘首一乡，德懋夫妻情笃共育有三子二女，次女适县城西街孙良心为妻，孙是本县礼部尚书、翰林院大学士黄绾的外甥孙，又是仙居人刑部尚书应大猷的妻侄，德懋的长媳是本县资政大夫、南京都察院右都御史王南渠的侄孙女。由于三个台州籍大官都和蔡家有亲，因此门庭随之显赫，蔡家由原来的"士庶人家"变成了官亲巨绅。

明嘉靖二十年秋，路桥大水，二十四年又荒无麦禾。此时米珠薪桂，饿殍遍野，民不聊生。德懋夫妇怀仁重义，开仓济贫，当时赖以生存的有几千人，百姓万分感激。县里旌表德懋为"义士"。门前竖起了义士大旗。嘉靖三十一年有福建强盗勾结倭寇，劫掠沿海，烽烟告急！这时新上任的县知事高材，他是无锡人，穷儒出身，他不带家眷上任，生活俭朴，平时尊重人才，他听闻德懋雅量高致，并急公好义、又是官亲，于是他带了捕快都头曾标亲自到路桥拜会蔡德懋，商量防御倭寇之策。

此时德懋年已五十九岁，苍须平胸，皤发满头，他听县主讲明来意后即表示：如倭寇敢来路桥，某当组织义勇奋力反击，不使贼人殃及县城就是。

都头曾标见他讲话的口气太大，心中不乐即插嘴讲：老义士抗倭非比赈灾，赈灾只须你家大粮仓多拔掉几块仓板救活灾民就能获"义士"称号。抗倭是刀头啄血的差使，倭首等本领之强，非你花甲之人可抵挡的。

德懋听出他的话有鄙意，好像在说他的义士称号是靠牌头得

长街故事

来的。德懋回言道：曾都头，蔡某年纪是稍大了些，但廉颇虽老，尚能饭食，你年纪正值壮年，又是捕快之首，能否下场赐教，看看在下能否杀贼？高知事一听忙阻住讲：不可，不可，贼人未到，自家厮杀是不利之举，免了罢！

曾标想德懋是仕官亲得来的"义士"，武功怎能及自己，他对县主讲：我们是切磋武功，点到为止，不会有什么损伤，再者倭寇首领用的武器是"屠龙刀"，与我所使的相同，老义士能接我十招，就有资格做义军首领，不然是枉送性命。高知事见曾标讲得也是有理，就同意两人比试一下，他关照德懋取适用的兵器。

曾都头见县主同意比武，他早已脱了长衣，露紧身短打，手执明晃晃的"屠龙刀"站立场中，德懋则慢吞吞地上场，手中执一把短短的匕首。高知事见状阻住讲：义士，"一寸短，一分险"，你改用长家伙，这样不公平。德懋笑讲：江湖上有言，"要想做英雄，匕首对屠龙"，我想试试此话灵不灵。曾都头想这老头鬼话真多，我给他一点颜色看看。

于是他手一紧，叫声"请"，屠龙刀往上一举，用"举火燎空"之势，蓄劲下劈，一招"刀劈华山"向德懋头上劈下。

德懋身子一转用"金刚跌步"化去凌厉攻势，然后他踏上一步，用"横扫千军"攻势，匕首斜刺曾标的下腰。曾标见他攻势厉害，赶忙抽刀护腰，当的一声，一道火光，匕首刺在刀背之上。

曾标觉得手有点麻木，这时他才知晓德懋并非浪得虚名之辈，他忙用力使"拔草寻蛇"想削德懋双腿，德懋"虎跳平川"蹿出，回身用"疾风暴雨"的招式猛刺曾标。曾标用刃薄背厚的屠龙刀只能招架，不能还手。高知事看出都头非德懋德对手，他当即喝住不能再斗了。曾标趁势收刀讲：老义士的武功和曾某在仲伯之间，可作义军首领，高大人我们回县部署防务去，路桥交于老义士防守吧。好，本县还要去一趟海门，但请问蔡义士，倭寇若来路桥，你怎样御敌？德懋不慌不忙讲：某侄子、侄女、徒子徒孙共有数

百，族众街坊忠义之士不下一千，我蔡氏有前、后、兰三房人手，地方上有刘姓、於姓两大族，我会向他们讲明"破巢之下，没有完卵"的道理，要求他们同仇敌忾，要求他们分头准备矛枪，利器。参战者都到我们三个小祠堂，集体用膳，值夜。一切费用我家承担，请县主放心就是。高知事见他慷慨答应杀贼，并领作义军首领，他放心往海门，并叫曾标回县率捕快巡城。

高县主回去的第三天恰是路桥市日，忽有庄客来报：总头领，大事不好，倭寇有一千余人从海门方向来，已到上洋桥，他们手执倭刀，沿途放火，奸淫妇女真是无恶不作，现后房族众告急，请你速作对策。

德懋惊道：高县主他去海门增防，倭贼何来如此之速，想必海门失守，我路桥大难临头了。他吩咐手下撞响警钟，命令参战的徒众都到宗祠集合，派族众堵截下洋殿，死守树桥头。不让倭寇进入古长街。接着钟声骤响，声传千里，街上赶集的乱作一团，店铺都关锁门户。

德懋大踏步进宗祠焚香点烛，命子侄把列宗列祖的神主牌位用包袱包住背在身上，他自己背上九世祖神位告之曰：因倭寇扰攘，不孝儿孙要带上祖上神位杀贼，望列祖列宗先助儿孙一臂之力，贼退以后，儿孙们重新安排尔等长生禄位，不使香火断绝。然后，他像红了眼的雄狮一样，手执大砍刀直冲下洋殿。此时蔡氏后房义军已和倭寇交上手。由于贼寇刀利，削掉义兵的木头刀柄，已有几个族众倒地。德懋看到此情，五内俱裂，他挥动大刀寻倭首交战，他的徒弟们平时训练有素，他们砍翻了几名倭寇，每人还都生擒了一名贼人。德懋与一倭首交打，发现此寇是用"屠龙刀"招式和曾标头和他比武的如出一辙，德懋弃了长刀，拨出匕首，用"野战八方"招式杀败贼寇，并一脚踢翻把他生擒。领队的倭首弄不通这班人的来历，同时发现他们背上都背有包袱，疑为爆炸之物，他率队退出数丈外，暂停进攻。

长街故事

德懋抓住一刻喘息之机，当机立断，他命三弟、四弟带十个徒众羁押生擒的八名倭寇走河西官道上县城交犯求救，自己则带义勇退守树桥头，意欲把倭寇引进街巷与之"巷交"，他想利用熟悉的地形与贼迂回，以求最后的胜利。再讲德懋的三弟、四弟押犯上县求救，行到药山地方发现前面官道上有十几个公差打扮的人，带刀提棒迎面而来。德隐兄弟二人很快认出公差的领队正是和自己二哥比过武的都头曾标。他兄弟俩忙报告：曾都头，我们路桥已遭倭奴扰攘，我二哥率义勇士与倭贼大战，我们是奉命送贼上县求救的，高大人何在？我们要面见他。

曾标见是蔡氏兄弟，他也装出关心的样子问：高大人去海门一直未回来，若倭寇已到路桥，高大人可能在海门遇到了麻烦，你们把犯人交于本都头，再速返回路桥阻贼，我速回府里报急，求官兵来解路桥之难。

德隐兄弟觉得都头这样处理也有道理，他们记挂路桥的战事，因此交了八名酋党，匆匆赶回路桥来。

曾标见蔡氏兄弟去远后，细看眼前八名捆绑着的倭寇，突然他发现一名倭寇对他使眼色，他心一抖，一眼认出此人是他师弟黑鳌，他怎么也被人捉下而且送来让自己处理。原来曾标是福建人，也是海盗出身，由于年前他讨厌居无定所的海盗生活，他与师弟分手只身到达黄岩，凭武功当了捕快，升任都头。现在要押师弟上县，他万一泄漏了自己的底细，一切都完蛋了……他灵机一动，叫手下押犯进林子绑树下，再叫差役们都去搜罗饭食，他要细审倭寇。公差们出林后，曾标细问黑鳌是怎么一回事？黑鳌讲：真是见鬼，碰到一老者，他用匕首破了我的屠龙刀法被他拿下的。曾讲：此人我和他比过武，他武功在你我之上，少刻我将你们放了，你千万不能泄漏我的秘密。黑鳌:若能如此，我感激还来不及，不会误事。

接着曾标在吃饭时对众捕快讲：我们把八名倭奴关入县大牢，

势必招来大股倭寇劫狱，我看还是放掉他们，叫他们到别处发财，勿扰我黄岩倒是上策。众捕快听后附和讲：都头眼见千里，多一事不如少一事，我们又没有给路桥人什么收据，万一县大人问起我们讲没有这回事。

曾标见众人异口同声，于是他命人解了倭寇绑索然后讲：你们做生意都到海边去做，县城是有重兵把守的，你们是讨不到便宜的。现在我们放你们后不要再上黄岩来。八名倭奴六名是福建海盗，他们连声道谢，如漏网之鱼般由原路返回路桥来寻找同伙。

这时路桥战斗已进入"白热化"，倭寇突破树桥头防线，德懋退到宗祠里。倭寇杀入宗祠，德懋又退中桥墙前，倭寇放火焚烧宗祠，霎时烈焰腾空，两边民房相继起火，族人要拼命，德懋说"小不忍则乱大谋"。他要待天黑下来再战。恰巧这时德隐、德恺一班人回转，德懋急问：把贼人交给高知事了吧？你们有没有向他请求发兵？德隐道：高知事去了海门公干未回，我们碰到曾都头，把贼人交他押县收监了。噢！已交官府，不会走脱，如此也是一样。德懋哪会想到曾都头会私放罪犯，他胡乱地应了一声，便叫兄弟和青壮年冲上去参加战斗。此时，红日当头，时已正午，蔡氏男丁除老弱病残外都聚集在中桥墙前一带和倭奴僵持，伺机交战。位于三桥外长大浹西岸的蔡氏前房小祠堂里酒饭已准备，但义兵们却无暇来食用。蔡德懋的弟媳陈氏和她刚过门的新媳妇小陈氏及几个叔婆们都在那里倚门远望，希望族中人轮班来吃饭，但望断秋水不见人来。这时有八个彪形大汉却鬼使神差，误打误撞不请自来。这八人就是被曾都头私放的首党，他们从马铺抄小路，逃到此处早已饥肠辘辘，闻到饭菜香味，偷偷地从祠堂后门摸进来。看到满桌酒菜，倭人狂喜大叫：啊！好好好，真是踏破铁鞋无觅处，得来全不费功夫。兄弟们快吃，吃饱了就归队。这帮倭贼坐下来，杯盘狼藉，大碗吃酒，大块吃肉，风卷残云一般。这时德懋的弟媳和他的媳妇从外面回来，看到如此场面，赶紧高

长街故事

叫：你们是哪里来的？我们的酒饭是给族中人吃的，你们不能乱用。婆媳两人上来要收回酒菜。这批倭寇都是刀头舔血的亡命之辈，几碗黄汤下肚，早已醉眼蒙眬，有些飘飘然了，听到怒叱之声，抬头发现一个徐娘半老风韵犹存的中年妇女和一个妙龄少妇来到桌前时，早已魂不守舍，其中一个倭寇晃悠悠立起身子道：小蹄子，你发什么情？狂叫什么？大爷今天不但要吃你的酒菜，我还要喝你的奶奶呢。他色胆包天，兽性大发竟伸手抓住小陈氏胸口罗衣，往下一拉，单薄的衣衫顿时被撕碎，一对细皮白肉的奶子如玉兔般蹦了出来。倭奴们见之一阵狂喜大笑，小陈氏羞红了脸，急忙用碎衣裳裹住前胸，口中大叫婆婆救我。她的婆婆陈氏急忙来救，挺身道：不得无理，我是她婆母，有事冲我来。这时另一个倭奴斜着眼讲：啊！婆婆也不错，还挺嫩的，兄弟，小的给你，大的让我。倭寇窜出撕陈氏罗裙。婆媳二人觉得不妙，忙转身向祠外逃。其他倭奴呐喊：不要让她们走了，抓住她，抓住她。八人都急追出来。吓得几个叔婆从后门逃出去速去墙前报信。陈氏婆媳二人逃出祠堂门，门前长大浃碧浪滔滔，她们心想被抓住清白难免，不如一死可保名节。情急之下，婆媳二人携手闭门跳进河中。众倭奴目睹此情，吓得目瞪口呆，在岸上跺足，大叫可惜！可惜！刚才动手动脚的两个倭贼还怜香惜玉，跳到河里打捞，希望奇迹出现，但河宽水深，无法打捞。德懋在墙前调度防备，几个叔婆上气不接下气赶来道：贵立，贵……立，不得了，你弟嫂和侄媳在小祠堂遭凶手追，情况紧急，快去相救。德懋想西路又何来恶贼，他当机立断，命令族人往小祠堂方向且战且退，自己带十几青壮徒弟，分二路急赴出事地点。对峙的倭寇发现义勇退兵，不知发生了什么，仗着人多一路追来，一路抢劫，一路奸淫放火。前蔡后墙一带火光冲天，可怜蔡德懋家老幼八人在家中，无法逃遁，葬身火海。

　　德懋和一帮青壮风驰电掣般赶到小祠堂前，发现岸上、河中

倭寇好像在打捞什么东西，心里蓦地一惊，明白弟媳和侄妇都已遇难。他发疯般举刀，嚓、嚓两声结果了两个倭奴性命，然后招呼能下水的徒众捞尸。岸上徒弟们飞腿踢倒准备逃遁的倭首，重新捆绑。德隐德恺赶到，发现被擒的贼人竟是自己亲手交给曾都头的酋党，他们赶紧把这情况告诉二哥德懋，德懋上岸细审酋首，六名酋党招出是曾都头徇私枉法，生恐祸延县城，特意私放的事实，并录下口供画了花押。

　　这时河下传来阵阵哭声，陈氏婆媳尸体已被捞上，两人怒目圆睁，死不瞑目，半个时辰前还笑语盈盈的，顷刻之间香消玉殒。德恺父子各抱爱妻痛哭，铁石人儿也为之心酸。与此同时，噩耗又至，德懋家遭祝融施虐，老幼八条人命丧生，破屋又遭连夜雨。德懋闻报眼冒金星胸头一阵闷塞，喉头一甜，连咳出几口鲜红之血，他毕竟年近花甲经不起如此打击，顿时昏去。族人大叫：贵立，贵立，你醒醒！醒醒！少刻，他悠悠醒来，愤然道：义勇抗倭，官差放犯，王法何在？天理何在？现在只好以牙还牙，以眼还眼，速斩倭奴，提头战贼，逮住倭寇，当场立决。是！族中青壮一声答应，动手斩了六名倭酋，并用竹竿枭首，草草收殓了陈氏婆媳，吃光了祠堂里的酒饭。此时已红日衔山，夜幕低垂。德懋命族中人点起火把，叫两徒弟去通知刘姓和於姓等大族今夜联手击贼，他站到高处大声讲：家园遭毁，今夜破釜沉舟置死地而后生，若不能驱逐倭奴，我们举族逃亡，悬倭奴之首开路，有种的跟我来！他手提大砍刀，再次杀向敌阵。这时倭兵还在奸淫掳掠，猛听到喊声大作，街南、街北锣声骤起，似来了千军万马。原来刘、於两族派出青壮来参战，沿街忠义百姓也自发而来。德懋带头在乱阵中又活捉了四名酋党，传令当场立决，血溅街衢，传话倭奴如不退逃，下场就是斩首，不留活口。倭寇都是乌合之众，看到路桥百姓众志成城，光影里同伙被立斩枭首，疑有官兵增援，难以取胜，加上他们抢得了财物舍不得丢弃，只顾逃命，不敢抵挡，他们拼命向兆桥方向逃逸，

长街故事

倭首压都压不住，最后逃遁船上，亡命于海中。

翌日，路桥虽恢复平静，但蔡氏宗祠和无数民居还在冒烟，已成了一片废墟。德懋吩咐将祖宗牌位先安入前房小祠堂里，命族中青壮清理火场，收葬烧死的民众，自己和贴身徒弟带了签有花押的倭奴口供和十颗人头上县衙，寻县主高材汇报路桥抗倭实况。高材自海门陷后，报请府里派兵增援，府遣同知武炜领兵来黄岩，两下刚见礼毕，人报路桥义士蔡德懋求见，武炜亦知德懋为人，一同接见。德懋出示倭奴口供并汇报路桥宗祠被焚，民居被烧及自己一家十人遇难经过，讲到弟嫂和侄妇更泣不成声。高材道：此本县之失误也，用人不当，酿此大祸，现惩办恶人要紧，随即会同武大人击鼓升堂，县衙里布满士卒，曾标等闻鼓站堂一个都不能走脱，在铁证面前，曾标等供认了"纵贼"事实。县主吩咐用脚镣手铐锁住公差，等待其应有下场。高知事又把二陈氏事迹载入邑志"节孝传"，并拨库银助建蔡氏宗祠和民居，德懋甚感县主之德。岂知五月间原来骚扰路桥的倭寇船泊澄江，攻陷县城，据城七日，烧民房，劫官舍，同知武炜战死。幸参将汤克宽率兵围剿才擒住贼首，解了黄岩之围。但县主高材因坐失县城被罢官，黄岩百姓及德懋等上书请命无效，民众们只好为高公立庙塑像以纪念。

路桥"蔡氏宗祠"得以重修，增建了"着衣亭"和"更衣亭"，比先前更气派。德懋受朝廷旌表，成了六县闻名人物。嘉靖三十六年五月十四日，德懋因积劳成疾，体虚呕血，药石无效，在家寿终正寝，享年64岁。族中人立其像于宗祠，春秋两祭，并有诗以赞：吊古谒公墓，夕阳红满山。刚风号古木，义气重乡关。砺我戈矛利，歼兹寇虏项。此身虽已往，姓字寿人间。

阮元驻节文昌阁

○ 管彦达 整理

清康熙十二年（1673），平西王吴三桂在云南起兵叛清。第二年三月，靖南王耿精忠在福建举兵响应，以总兵曾养性、江元勋及参领白显忠为将军，数月之内，迅速掌握福建全省。耿精忠下令军民剪辫留发，并发布文告，保证"师之所过，不犯秋毫；务期除残去苛，省刑薄敛"，答应被迫迁界的民众重返故土。五月，曾养性出仙霞关，攻下浙江温州，总兵祖宏勋开城投降。接着又占领乐清和太平。

曾养性在进攻黄岩前，驻兵路桥。为了不打扰居民，曾养性考察环境，把驻兵地选在南星桥畔。当时南星桥畔还是一片低洼地，曾养性筑堤填址，使之成为高地，然后把部队驻扎在这里。

占领黄岩和整个台州后，曾养性命令在南星桥畔原驻军地建造文昌宫。文昌宫亦名文庙，是祭祀孔子实施儒学教育的处所。"三藩"起事，一面打着"复明"旗号，一面打着"尊孔"的旗号。

康熙十四年（1675）二月，曾养性进攻金华失利，八月，清军收复黄岩，曾养性走保温州。明年春，清将傅喇塔督师自黄岩攻温州，曾养性部凭江拒战，清军进攻累月未下。同年十月，清军抵达福州，耿精忠投降，清廷消除了"三藩"中一患。

曾养性建造的文昌宫留下来了，后来，在宫内设翼文书院。嘉庆初年，浙江学政阮元巡视教育，就宿在文昌阁。咸丰初年，里人置助田产百亩作为经费。同治中，杨有声要求府义学拨田地和县粮增加学校费用，台州郡守刘璈把翼文书院改名为文达书院。

文昌阁极为壮观，前有二层楼三间，兼当大门用；后有二层楼五间，是主房；左右有二层厢房各三间；最后是平房八间。门楼上是"奎星楼"。主楼用四正柱立于浮雕大青石碶上，雕梁画栋；内祀文武二圣。当时文风鼎盛，学子非但有路桥本地人，还有黄岩城里及台州各地人。

文昌阁位于南星桥附近，本街河流至此而曲，北向徐山、高峰，后枕亭山，人峰在西，水色山光最为佳胜。

光绪十六年九月，杨晨父亲去世，杨晨回家守丧。十七年（1891），杨晨主讲文达书院，捐助经史书籍两千卷。期间，杨晨楷书一诗，悬在文昌阁奎星楼窗口：

> 杰阁峥嵘傍斗杓，使君当日此停轺。
> 双峰山映三汊水，十里街分五道桥。
> 经学静轩传世业，儒宗云海树风标。
> 我来花外扶筇立，喜听书声满绮寮。

杨晨说到的"使君"，就是阮元。阮元，江苏人，乾隆、嘉庆、道光三朝阁老，九省疆臣，历任山东、浙江学政，浙江、江西、河南巡抚，国史馆总纂，漕运总督，湖广总督，云贵总督，晚年任体仁阁大学士。退休后加太子太保、太傅。卒后谥号"文达"。

乾隆六十年（1795），三十二岁的阮元从山东学政调为浙江学政。第二年，乾隆退位，儿子仁宗嘉庆皇帝即位。

阮元十分勤政，任学政期间，赴浙江各地视察教育，足迹遍十一郡，他来到路桥视察，宿在文昌阁。

夜里，阮元检索学子作业，觉得有些学子很有根底，特别是李诚、蔡涛、施彬、金鹗、洪颐煊等人，文章很有见地。第二天，他便把他们叫来，鼓励一番，不想这样一来，为台州和路桥造就了不少有用人才。

正当阮元想荐用李诚等人时，却调离浙江，到京都担任经筵讲官和会试副总裁。临走时，阮元就把翼文书院的情况告诉自己朋友——接任学政的刘凤诰。于是刘凤诰巡视教育，也来到路桥文昌阁，专门看望李诚、蔡涛等人。

嘉庆四年（1799），阮元任浙江巡抚。之前，浙江官场贪污、挪用、浪费公款成风。阮元到任后即明察暗访，将贪污、挪用之官分别追究、革职、问罪，责成各州县痛改前非，摒除浮费，节省开支；自督抚、司、道衙门丝毫无取州县，官场风气为之一变。

阮元另一重大贡献即全力剿除海盗。早在嘉庆初年，沿海盗匪盘踞浙江一带洋面，共有数百艘船，他们肆行抢劫，给民众造成了极大危害。海盗中首恶为安南国艇匪，其次为凤尾帮、箬黄帮、水澳帮等。箬黄帮是浙江本土海盗，盘踞在黄岩、太平沿海。当时浙江沿海三镇（定海、温州、黄岩）官兵不过三四千人，而匪众万余；官兵船只矮小，而安南艇船高大；官兵船炮弹重者不过斤许，而艇船炮弹重至十几斤。针对这些不利情况，阮元采取了切实有效的措施：

其一，添造大船大炮。阮元身为表率，发动官绅共捐银 6 万两，短期内新造大战舰 30 艘，配以新造巨炮 500 门，分配给定海、温州、黄岩三镇。

其二，令沿海民壮演习鸟枪，团练策应，不增饷而增兵千万。

全民皆兵，沿海战旗连续如云，盗匪不敢偷袭村庄。

嘉庆五年（1800）春，箬黄帮横行在黄、太沿海，阮元下令黄岩总兵岳玺清剿，把他们消灭掉。

六月，安南海盗纠集凤尾、水澳等本土海盗共百余艘，再次来到黄、太沿海，屯驻在松门山下。阮元派定海镇总兵李长庚统领定海、黄岩、温州三镇水师，并调粤、闽兵会剿。他亲自督阵，再次来到路桥，先宿在文昌阁，后来觉得影响学子学习，又宿在南栅武举陶定国家。阮元派人离间，水澳帮先退。不久飓风大作，海盗船艇很多沉没，匪徒溺死无数，剩下海盗爬到山上。阮元命令步军搜捕，擒800多人。安南四总兵有3人溺死，黄岩知县孙凤鸣捕获剩下的一个，从此安南艇匪力量大损。阮元回去之前，应主人陶定国之请，用八分书题"陶氏际平堂"堂匾。

阮元相继剿灭安南艇匪和箬黄、水澳、凤尾、黄葵、乌鸦各帮，总计歼盗万余，沿海居民无不拍手称快。

同治年间，郡守刘璈改翼文书院为文达书院，以纪念阮文达（阮元）曾驻节于此。当时文达书院十分有名，与九峰书院、樊川书院齐名，并称"黄岩三大书院"。光绪二十八年（1902）黄岩县令韩铨改立为"筠美学堂"，附设"文达初等小学"。

1941年4月19日，日寇在海门登陆，5月1日，流窜到路桥，放火烧光第四区中心小学及北斗宫，并烧了石曲小学的一部分。

蔡涛充军夫妻魂断两地

蔡涛（1782—1837），原名人麟，字少海，路桥前蔡人，幼时聪慧过人，少年好学能诗。

乾隆六十年（1795），阮元调任浙江学政。阮元十分勤政，第二年（嘉庆元年，1796），即赴浙江各地视察教育，足迹遍十一郡，嘉庆二年（1797），阮元巡学，来到路桥文昌阁，夜里检索学子诗文，看到一少年所作《丁巳·夜坐》诗，自述其力学情况：

> 爱日如爱命，贪书如贪钱。
> 常嗟吾力竭，却畏他人先。

第二天，他把少年叫到跟前，一问，才知道他叫蔡涛，今年才十六岁（虚岁），一个十六岁的少年，能如此努力学习，生怕落后于别人，阮元似乎看到过去的自己，着实夸奖了一番。得到浙江学政的夸奖，少年蔡涛的才名立即传遍路桥及周边。

家居闹市，不够安静，一次他游览大人山下普泽寺，觉得环境十分幽静，他去见寺僧照林，得到许可，于是住到寺中读书。读书期间，他写下《普泽寺赠林公》：

大人山下寺，水木最清华。
白石香厨饭，青莲阐士家。
点汤寻荸荠，饤果摘枇杷。
特问三乘义，新诗莫罩纱。

正当阮元想荐用李诚、蔡涛等人时，却调离浙江。临走时，阮元就把翼文书院的情况告诉自己朋友——接任学政的刘凤诰。于是刘凤诰巡视教育，也来到路桥翼文书院，专门看望李诚、蔡涛等人。

少年蔡涛去参加台州府庠考试，结果获得秀才冠军。

兆桥西王贡生王培槐闻蔡涛名，赠书数万卷，并将自己的女儿玉贞许配给蔡涛。王玉贞是才女，出嫁时，写了《寄妹》诗：

寒宵如水碧云空，蓦向西楼听断鸿。
廿二年来今夜月，一双孤影忆西东。

王玉贞嫁到蔡家后，夫妻恩爱，并以诗文交，时人皆美誉其"佳偶"。

蔡涛秉性耿直，常说："官府以货赂苞苴为常事"，"当今之时，膏粱其口者，滑脂其中也；骨鲠其操者，抑寒其遇者也。"对此，父亲感到忧虑，临终时对他说："汝棱角太露，吾不见汝之有成而或挤于壑也。"

嘉庆十八年癸酉（1813），因伯兄犯事，蔡涛为其诉讼，被革去功名。次年五月，被诬入狱，在阮元等人暗助下释归。释归后家道败落。

道光十四年甲午（1834），蔡涛又为诸生抱不平，被豪绅诬陷入狱，流放陕西，年已五十多岁。

蔡涛起程前，知归期无望，想起自己一生没有给家庭带来好处，却使老母妻孥受尽贫困，自己有欠，疾书为老母作寿文。

从黄岩押解到临海马头山时，他的妻子王玉贞赶来送行，相别十分伤心，王玉贞拿出自己所写《赠外二首》：

> 隔墙梆子打三更，缓步回廊月正明。
> 底事醉人扶不醒，低声枕畔唤卿卿。
>
> 闲心一片陇云低，细雨纷纷听暮鸡。
> 侬是病躯留不住，留郎不住向郎啼。

念给蔡涛听。蔡涛回顾自己结婚 20 年，没有给妻子带来好日子，十分愧疚，就口吟《绝句二首》与妻子告别：

> 二十年来贫入骨，四千里外老从军。
> 不知此去因何事，仰望青天问白云。
>
> 妻孥此去真为累，泪尽樽前撒手行。
> 寂寞马头山下坐，一钩残月夜潮生。

蔡涛经过千里跋涉到了陕西，就拟就骈文数千言，详述冤情。巡抚见文辞出众，允其教书授徒为业。

蓝田知县得知，延请为幕僚。正当他觉得日子有望时，却由于以前长期受到折磨，身体十分虚弱，三年后病重，临死写了一首《寄妻》诗：

绿丝声里一灯留，别后时时梦小楼。
壮海云涛当昼永，空山风雨闭门秋。
归来宝剑无青眼，误入园扉竟白头。
明日不须向西哭，三年樽酒话秦州。

其妻王玉贞由于伤心过度，不久生起病来。玉贞死前，自觉无望，写下了《赠外绝笔》：

病势今如此，多应不得生。
梦闻前世事，诗订后身情。
九月鸳鸯牒，三生文字盟。
知君他日泪，有女渐盈盈。

不想两地留诗，竟不得互观，只留待后人唏嘘感叹。

蔡涛葬蓝田南门外。一生著有《天香楼诗存》《燃藜阁诗钞》《山海经汇编》《戍秦纪程集》，还为《泾阳县志》作序。后人评曰："黄岩古代诗家中，不可多得。"其纪实诗《冷华云席上话丁巳岁洪潮》，气势恢宏，为不可多得佳作：

云凭凭，风冥冥，
青天白日斗雷电，空中飞下双神灵。
海滨多怪物，言之口欲吃。
东溟之水上天去，其声洪洪喧远处。
丁巳七月十七之清晨，东北黄云薄飞絮。
日暮黑气海上来，千乘万骑驰骤争喧豗。
潮头高似山，中杂火点红斑斑。
卷人吞地落海去，翻送蛟龙居人间。
新安去荡四十里，风刃雨箭射人当之无不靡。

水色连天满天红，潮头角立斗北风。

空中神物呷嘤鸣，更有铿锵触甲兵。

大人小儿一齐伏地不敢声，连舍广厦岌岌如欲倾。

此时上帝鉴惨戚，哀哉海隅百里尽沉溺。

便驱云龙海中归，雷公夜半收霹雳。

开门视天见天高，南风吹晴风飓飓。

登楼望水水壁立，鬼火磷磷闻鬼泣。

新安水头三尺半，荡中水头高无算。

明朝买舟吊溺死，

高不见青山，远不见涯涘，

但见洪浪茫茫滚滚尸浮水。

舟人得双鱼中有青葱指，

更闻邻舟获长鲔，烹之乃有小儿耳。

呜呼，天地本至仁，忍将人肉飨饥鳞？

人言大数不可避，凡我荡人命如寄。

只今秋夏之交北风起，荡人空屋而奔哗叫洪潮至。

杨友声捐立宾兴祠

○ 管彦达 整理

　　杨友声（1824—1890），河西人，杨阜东子，号莺谷，先是受业于白峰许映台，二十岁成廪膳生。此后从太平黄潴学诗，又与卢锡畴读书于雁荡山中。杨晨之父杨友声（1824—1890），号莺谷，廪膳生。以筹办团练选用，加五品衔。置义仓及义冢，乡有文达书院，请官分款以给膏火，劝募乡人制宾兴田以励学者。临海白岩山为宋二徐先生讲学故处，嘉庆中，学使阮公元修复其墓而未有祠，公以为台州学派肇自二徐，文公留题，后学宗仰，宜表潜德示人响方，乃出巨赀，鸠工庀材，宏壮密栗。既成，邀旁县师儒行释奠礼。复立义塾，教其学僮。光绪己卯（1879）选授寿昌训导，整理书院宾兴。丁亥（1887）岁凶，沿海苦潦，告官贷赀，运粟平粜，吏杂伪银，质产偿之。己丑（1889）筑海门澂海闸成，以时畜泄，岁乃有秋。参与（咸丰至光绪）《黄岩县志》采访和协理工作。

　　许映台，号阶三，廪膳生，清道光年间廪膳生。

黄濬，号壶舟，道光二年（1822）进士，历任江西萍乡、雩都、临川、东乡、彭泽等地知县，署南安府同知。遭陷害被流放新疆，与林则徐邂逅相遇，结为知音。黄濬后来将谪戍乌鲁木齐的吟诵诗章汇集为《壶舟诗存》，林则徐为其作序。此外，编著有《漠事里言》《倚剑诗谭》《东还纪程》《壶舟诗存》《壶舟文存》《红山碎叶》等书籍。

咸丰年间灾害频仍（七年大旱，九年夏寒，十年雨雪、霜，十一年秋旱冬雪）。杨友声动员路桥街富户，设义仓进行救济。

咸丰十一年辛酉（1861）十一月，当地人邱善潮及夏宝庆、徐大度等率太平军过路桥。同治三年甲子（1864），杨友声以筹办团练选用，以贡生加五品衔。时同学卢锡畴亦办团练，并以三千民团于义城岭阻击太平军，兵败战死。

太平军占领期间，路桥多地多人殉难（如上山童童子玉、童汝照女，童恭河妻），杨友声置义冢予以安葬。

太平军过后，亟待安定，杨友声请官分款以给翼文书院膏火；劝募乡人建宾兴田以励学者；出巨资建临海白岩山二徐祠。立义塾，教其学童。

同治十年（1871），杨友声和同里人捐立路桥宾兴祠，石曲李旭东首捐田三十亩，经过经营，逐渐田产增加到三百亩，岁收租谷，为乡会试士子旅费。光绪二十八年建祠于关庙之侧，楼屋七楹，平屋二架，置仓储谷，择人轮收。每岁重阳设祭会饮。科举废除之后，收入分给小学奖金及文官考试，游学川费。民国初期有田 375 亩，租谷 706 斗，另有佃田 8 亩，租谷 29 石 9 斗，市房楼屋 8 间。

每年重阳节，宾兴祠均宣读祭文，祭文由当地绅士宣读。杨晨宣读的《重九祭文》如下：

盖闻兴贤育才者，国家之大典，崇德报功者，古今之通义。诸位先生，泽宣上德，产割中人，科名克振于一时，俎豆宜隆乎百世。

呜呼，浣花有祀，永怀广厦于杜陵；洛社成图，如仰大裘于白傅。值佳日题糕之会，载展明禋，咏寒泉荐菊之章，聿修礼祀。尚飨！

光绪五年己卯（1879）选授寿昌训导，整理书院宾兴。十三年丁亥（1887）岁凶，沿海苦潦，告官贷赈，运粟平粜，吏杂伪银，质产偿之。二十五年己丑（1889）筑海门澄海闸成，以时蓄泄，岁乃有秋。参与（咸丰至光绪）《黄岩县志》采访和协理工作。

民国三年（1914）2月，自治取消，合同蟠乡、路桥镇为一区，区设自治分驻所，由县委员。18年（1929）7月，设路桥区公所于宾兴祠，另有"明文宾兴"，咸丰元年（1851）由杨友声偕同里人倡立。光绪年间建于东岳庙之后，楼屋三楹，后临河水，匾曰"鉴堂"，每年上巳设祭。

杨晨宣读的《上巳祭文》如下：

文以载道，作者圣而述者明，祠以报功，志同方而行同术，古之道也，礼亦宜之。诸老先生望隆桑梓，宝守纭缃，昔常晤对于一堂，今则流芳于百世，当兰里流觞之日，咸集群贤，效粉乡祭社之仪，克延后嗣。尚飨！

道光、咸丰、同治年间，宾兴事业兴起，除上述二宾兴外，还有於氏宾兴、石曲宾兴、白枫宾兴，均载于《路桥志略》。另有横街（洋屿）宾兴、金清宾兴等，《志略》未载。

於氏宾兴，道光时（1821—1850），河西人为勉捐田一百亩，岁收租息分给应试者。於氏谱云：为勉无子娶妾不容于嫡，后至府城见其前妾有子三人，乃捐田于公。今由於氏族人经管，分贴河西小学经费。民国时有田93亩，租谷184石，佃田1亩9分，租谷6石6斗。

石曲宾兴（一名兴文会），同治十一年（1872）石曲人蔡鲁封、

季馨一等捐设，有田 80 余亩，以为本地士子乡会试路费。今改充敦本小学经费。民国时有田 80 亩，租谷 147 石 9 斗，佃田 4 亩 6 分，租谷 12 石，存银 40 两。

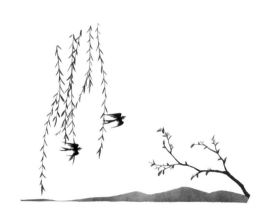

施鸿浦疏浚潞河

○ 管彦达 整理

　　南官河自黄岩城关小南门向南经十里铺，过坝头闸入路桥区境，向东南流经桐屿、马铺、路桥街、白枫桥、上蔡，入温岭市境内泽国，再南流经牧屿、横峰达温峤（温岭街），全长 45 公里。路桥区境内长 17.31 公里，与金清水系相接。

　　南官河流经路桥段，按属地称呼，称路河，因其水系，习惯称潞河。

　　南官河开凿于五代十国吴越王钱镠统治时期（907—931）。

　　整个宋代，一直对南官河及路桥段进行维护疏浚。北宋元祐七至九年（1092—1094），罗适任浙东提刑，开始在黄岩疏河造闸。到了南宋绍兴十九年（1149），杨炜以右从政郎任黄岩知县，疏浚官河及支流，建闸堰 5 所，征工 170 余万，立斗门 9 所，民赖之。乾道九年（1173），孙叔豹来任黄岩知县，岁饥，悉力赈恤，浚南官河。淳熙九年（1182），朱熹提举浙东常平茶

盐公事，兼办赈务，委托林鼐、蔡镐具体经办，疏浚官河及造闸。不久，朱熹调走，由勾龙昌泰接任，与林季友、刘友直、蔡镐、林鼐协力行事，初步完成朱熹计划。最后由继承者李洪川完成浚河造闸工程。淳熙十一年至十四年（1184—1187），刘友直任黄岩县丞，疏浚南官河。庆元元年至四年（1195—1198），黄岩县丞何坦疏浚南官河。

元朝廷规定"凡河渠之得，要本处正官一员，以时浚治"，大量兴修水利，后人称赞说"元人最善治水"。大德三年（1299），韩国宝来任知州，以治水为养民第一义，疏通官河、五支河，在县境修长浦、蛟龙、陡门、金清、永丰、黄望等闸，建周洋新闸。"搜村石、募丁匠"，身体力行。元末方国珍占据浙东三郡，派兄弟国璋、国瑛管理台州，方国瑛在管理台州期间，大兴水利，修筑桥梁。在路桥疏浚潞河及支流，修筑石曲桥、四衙桥及松友桥（由国璋岳父於松友主持）、洋屿桥（又称四府桥）。

明代水利成就主要在筑塘，但对原有河道进行疏浚并没间断。周志伟，嘉靖八年（1529）进士，官至工部主事。十七年（1538）任台州知府，考察黄岩、太平沿海一带水利失修，群众生活艰苦，遂率同黄岩知县方介、太平知县曾才汉实地踏勘水利。认为养民大计，应先于浚河修闸。次年冬，即令两县征集民工，疏浚河道，修复闸坝。方介当即征工开浚南官河。廉洁有威，痛绳豪右，时有"六县琴堂第一方"之谣。十九年（1540）离任。嘉靖三十二年（1553），汪汝达任黄岩知县，浚河流，一时兴废举坠，皆有裨于政教之大者，升户部主事。祀名宦祠。

清代继承明代筑塘浚河。清初，南官河淤塞，县城至路桥街的船筏均由东官河（永宁河）通过。康熙三十三年（1694）刘宽任知县，浚南官河自县城达路桥40华里，三十六年（1697）完成，县城到路桥舟行无阻。同治九年，知县孙熹发动20余万人次重浚，从小南门经路桥街至十字泾河段，全长22.5公里，阔13.9

米，深 5 米。

自孙熹疏浚南官河后，40 年间不曾疏浚，年久堵塞，行船不便，谢士俊任路桥镇自治会总董（议长），与前任总董杨绍翰（杨晨孙）商量，得到杨晨支持，向黄岩县知事（相当于县长）汤赞清（1914.12—1917.8，1920.5—1921.2 两次在任）提请，疏浚潞河。光绪三十一年（1905），汤赞清派长浦巡检施济（字鸿浦）主持对潞河进行疏浚。

谢士骏（1864—1944），名大裁，字允成，号展甫，邮亭谢家里人，清优增生。民国初接任杨绍翰任路桥镇自治会总董(议长)，后为省警务处咨议。

长浦巡检为从九品，借居路桥。谢士俊、杨绍翰等地方绅士协助巡检施鸿浦工作，经过一年多努力，潞河疏浚完成。施鸿浦、谢士俊等人写诗歌颂。施诗不存，谢诗收集在《亦乐园诗草》中，《颂施鸿浦少尹浚路河德政步杨给谏原韵》：

其一：

人峰高大出崇丘，秀挹新安近水楼。

两岸蜗居思禹迹，卌年鸿业缵孙谋。

渠疏南北源应远，川决东西利倍收。

能使万家同被泽，千秋名共鹭河留。

原注：赞孙谋：鹭河自邑侯孙公欢伯浚（汤赞清）后，至今几四十年矣。

其二：

鹭河人羡小蓬邱，山绕前村水绕楼。

蔀屋蒙麻无竭泽，琴堂佐治有奇谋。

功成疏瀹师神禹，利及田畴慰蒉收。

此日临流歌德政，聊同江汉颂声留。

　　潞河修疏后，谢士俊、施鸿浦等人，优游于南官河畔，游蔡氏恒园（亦足园）、普泽寺、悟空亭、圣水寺、白峰河，倡和作诗，直至年余，施鸿浦离任去省城，谢士俊作诗《少尹解任旋省，赋实事以赠别》：

　　　　何须伟绩著旗常，赢得廉名去亦芳。
　　　　豪士官卑原写意，诗人笔健讵嫌忙。
　　　　风清两袖春三月，泽润千家水一方。
　　　　试听讴歌声四起，鹭河无处不甘棠。

　　原注：路桥官河日就浅窄，赖公为之一浚。

清末举人任重的故事

○ 陈步清 整理

俗话说："种田人望稻，读书人望考。"这是流传在台州一带妇孺皆知的一句古话。在过去的科举制度时代，"万般皆下品，唯有读书高"，这是读书人渴望摆脱命运走上仕途，所尊奉的唯一途径。许多的莘莘学子"三更灯火五更鸡鸣"，悬梁刺股十年寒窗苦读，为的就是蟾宫折桂，金榜题名，加官晋爵。

在路桥大道向北与南官大道交会的地方，有一条南官河沿十里长街穿境而过，据说是块风水宝地，相传清光绪时期癸卯举人——北京大学师范科毕业，任广东临高知县、山西岢岚知事、浙江永康县长的路桥后於人任重，就出生在这儿。挂官归里后，他购得二十四史一部，与同好者组织"月河诗钟社"，被推举为祭酒社长，一时传为美谈。他晚年潜心研学，留有《黄岩方言考证》《河西钓叟诗文集》《尝胆集》等著作。

在当地流传着许多有关于任重的趣闻轶事，今天就让我们拨开历史的烟云，领略一下他做官为人的魅力和风采。

获赠"万民伞"

清光绪三十年（1904），恰逢老佛爷慈禧太后七十大寿，为了昭示皇恩浩荡，制造普天之下同庆太后华诞的气氛，朝廷破例将这一年的"甲辰科"考试改为"恩科"，昭告天下举子入京应试。

在这么多的考生中，来自于路桥的任重也在其中。光绪二十六年八国联军攻入北京，西太后挟持皇帝仓皇西逃，京城贡院也在这场劫难中被毁，就这样任重报考了北京师范大学堂。任重和这批举人期满毕业后，获得"内阁中书"官衔，被吏部任为广东临高知县。任重在此为官三年调任山西，离任时出现男女老幼攀辕泣送数十里的感人场面。

任重由广东临高转到山西岢岚，辗转数千里，带着两袖清风，依旧做他的知县。此时已经是宣统元年年底了，官号由原来的知县改为县知事。岢岚赌风盛行，诉讼不断，前任知事被参革后，留下积案堆成了小山。任重花了两年的时间，总算把积案了断一清，本想可以清闲休息几天了，他约好朋友拿出从广东带来的茗茶，准备与他对弈几盘。哪晓得屁股还没坐稳，堂鼓又响，任重只得传令升堂，看看百姓因何呼冤。

原来是岢岚、兴县两县为赌争讼。岢岚县师爷有个公子，网罗了一批惯赌之人在两县交界的地方开场放赌，用作弊的手段骗取百姓钱财。兴县有个富家公子带了一帮人来赌，发现对方作弊"出老千"，双方发生争执动起手来。岢岚师爷公子指挥手下人打死三个兴县人，兴县人也打死一个岢岚赌徒，还将师爷公子打成重伤。

任重身坐大堂，仔细听取原被告双方的陈词，心里盘算着此案了结方法。他的手下师爷赶紧在任知事耳边讲："大人，两县刁民械斗，各有死伤，祸由赌起，死者各自认命。可我儿子被打成

重伤，真凶已获，大人该将他定罪为是。"富家公子申辩道："师爷公子赌博作弊，我们向他论理，他就率众打死我兴县父老三人，我们出于自卫误将他打伤，请大人明鉴。"

任知事一言不发，先命衙役将赌具收缴赌场封闭，把参赌赌徒悉数拘捕到案，后写了一封信，请兴县知事速来岢岚会审。兴县知事马不停蹄赶到岢岚，任知事送上案卷说："此番两县人命官司祸由赌起，本县已经抓了参赌刁民，大人你看此案如何了结。"

兴县知事胆小怕事，翻看案卷后讨好地说："敝县刁民在贵县滋事生非，虽死三人，咎由自取，群斗难觅真凶，只需通知苦主收葬就是。师爷公子受伤，可责成富家公子承责，大人以为如何？"

任重听了沉吟半晌，摇头说："群斗虽难觅真凶，但究其祸端，皆由我县恶棍设赌而起，若要根治此祸还须两县合作，分头告示民众，严惩赌博，教导顽民致力于士农工商。至于这四个死者的收葬费用，均由师爷出资。我县师爷公子重伤，宜先医治，治愈后本县再定罪。贵县富家公子也该有罪，请大人带回处置，您看如何？"

兴县知事听后觉得任重公平处事，严于律己宽以待人，十分敬佩，当下高兴地说："兄台明见千里，弟当协力相助。"任重知事让兴县知事当堂带走了富家公子。审案后两县分头行动，很快刹住了赌风，很多游手好闲的赌徒从新改过，种田的种田，经商的经商，社会风气日益改善，老百姓无不感激。

任重为官时两袖清风，在他卸任知事调任永康县县长之日，山西苛岚县百姓为他送上"万民伞"，兴县老百姓闻讯也为他送来匾额，上面写着"恩及邻县"四个鎏金大字。

"半斤"对"八两"

任重博古通今满腹经纶，曾当过清末的内阁中书。满清王朝

覆灭以后，告老还乡的他，回到老家安享晚年，他平易近人，说话风趣，但做起事常常会犯迷糊，周边的人给他起了个"书糊"的绰号，令人啼笑皆非。在路桥通常将书读得多了，在生活上不拘小节的书呆子称作"书糊"，任重即是其中之一。

十里长街有个菜场，任重平时从不买菜，但遇到妻子忙不过来，也会派他去买点炊皮咸烤之类，这些极简单的"闲暇菜蔬"，每次买回家，妻子都感觉分量不足，往往会埋怨他。有一次，轮到他做东请客，妻子又派他去买炊皮，这一次，非要让他带着秤去，并且吩咐说："你不带秤去，他们又要缺斤少两了。"

任重慢条斯理回答说："这样像话吗？让我带根秤去，好意思吗？"妻子劝他说："有什么不好意思的？人家好意思偷秤头，你还惯着他。"因为每次买回家的东西被妻子数落分量不足，任重没法，只好硬着头皮带着秤去了。

路上，恰好遇到老同学徐兆章。兆章说："任老兄，带着杆秤子做啥去？"任重拉住兆章的手，悄悄地对他说："我的妻子老是怨我买的炊皮称头不足，一定要我带根秤去，你说怎么办？"兆章说："这有何难？"便附在任重的耳根如此这番说了几句："不用秤，我去给你买。"

果然，这次买回来的炊皮，回到家妻子一称，半斤居然多出半两。妻子大为高兴，就对他说："你看，这次带秤去，他们就老实了，下次你都这么办。"妻子走后，任重悄悄地问兆章说："你有什么本领使他们卖给你的东西分量这么足？"

兆章笑道："这还不简单？你要是买半斤，就让他给你称十两，分量肯定不会少于半斤。"任重听后恍然大悟说："噢，原来竟是这样。"

在台州民间，有一种古老的计量方法，指的是小两，一斤按十六小两计算。如果不知道这里面的窍门，摊贩们按一斤十两的称量卖给人家，买回家的东西分量自然不足。这是他们针对大小

俩傻傻分不清的人，所采取的一种耍滑头手法。

创办"月河诗钟社"

民国二十一年（1932），由於猷、谢士骏、陈謇、任重、徐兆章、张恩高、应祖耀、蔡恺等组成"月河诗钟社"，大家推举任重为社长，此时任重五十六岁，刚卸任永康县县长赋闲在家。这是继杨晨"月河诗社"之后，十里长街上的又一文化盛事，一字之差的社名，实际上是前者的延续，其中不乏徐梦丹、杨绍翰等老社员，影响力甚至波及南洋。有人读到同为"月河诗钟社"马来西亚华侨管振民所写的《和亦乐园》，他说到自己与谢士骏同社，可见他们都是诗钟社社员。

诗钟是古代文人的一种限时吟诗文字游戏，大约出现在清嘉庆、道光年间。诗钟要求吟诗者限一炷香工夫吟成一联或者多联，香尽的时候鸣钟，所以叫作"诗钟"。诗钟吟成以后，再以核心的联句各补缀成一首诗，游戏结束。月河诗钟社成立之时，中国刚刚经历过北伐战争，社会经济相对稳定，路桥已是台州较为繁华的集镇。

任重规定诗钟社逢每月农历十六日，按年龄顺序由长及小轮流举办会餐，特殊情况可调换及暂停。每次聚会，主人拟二题，一为诗钟，一为诗题。诗钟必须在筵席上完成，诗题可以带回去作，限期交卷。这些文人雅士经常唱和，留下许多宝贵的诗篇，一年下来，就出版了一本《月河诗钟社吟草》的诗集。

月河诗钟社每月聚会的"会餐"，菜肴以路桥八碗为主，俭朴不讲排场，由每番轮到的主人出资采购，都是吃午餐。只有八月十六中秋节是吃晚餐，兼当赏月。大家推荐这一餐让社长任重举办，因为他家有"读书楼"，突兀空际，四面临窗，遥望人峰，近临潞水；台州风俗定八月十六为中秋，这一天皓月当空，满楼是景，手拿月饼，谈笑风生，赏月作诗兴趣盎然。即使遇上下雨天，也

可以楼头听雨，纵览长街，遥观夜色，并分韵吟诗。他家备有床铺，可容纳远道客人住宿，任重欣然接受，社员无不欢乐。

任重写诗，不同于写风花雪月的诗人，他的诗多忧国忧民。抗日战争全面爆发后，战火烧到浙江，任重十分关心国家命运，写下《十二月十四日杭州沦陷纪念作》：

誓海妖氛靖海疆，无端鲸浪逼钱塘。
鼓鼙声寂雷峰黯，木屐人来潮舫凉。
痛饮黄龙思武穆，射潮铁弩忆钱王。
明年次日君须记，会见弯弓落太阳。

1939 年 2 月 15 日，日军舰数艘侵入椒江口，每夜用探照灯照射海门，居民惊逃，至 18 日农历除夕日寇开炮，守军以炮还击，经过几轮炮战，当夜海门大火，一直烧到正月初三。初四日，临海江下街被敌机轰炸，百姓死伤无数。任重十分愤慨，写下《海门大火》长诗，以诗言志。

1945 年日本投降，他又高兴万分，写下一首《日本投降志庆》的诗：

谁解重围护小郎，樱花零落日无光。
柏林久已强援绝，珠港应将战债偿。
趋势变形嗟蝙蝠，当车奋臂笑螳螂。
眼前大有兴亡感，沧海于今遍种桑。

任重非但能诗，还工于书法，精于柳体。老路桥中学大操场上的"抗战阵亡将士纪念塔"，十里长街邮亭古驿旁"福星桥"三字都是由他所书；黄岩九峰公园桃花潭的亭柱上，刻着"胜境九峰双文笔，仙源千古一桃花"的对联，也是出自他的手笔。

书法家任政的故事

○ 王奎 整理

在路桥妙智街，有一家叫"小兰斋"的店面，匾额是由著名书法家任政先生题写的。店主叫金益富，而他把臂传艺如同慈父的恩师，正是任政先生。

任政，字兰斋，别号简翁，1916年2月25日出生于路桥。任政7岁时，就跟随他的叔祖晚清著名孝廉任心尹研习诗文书法。任政的童年，就在路桥这个商贸汇集的古城度过，伴随着砚池的墨水一起淌过。

幼年的任政，人长得不够高，就站在凳子上努力练字。有一次，正在练字的任政，被一位老街坊的邻居看到。邻居嘲笑他："练字不悬臂，字怎么练得好？看来你以后没有多大出息。"邻居刻薄的话，像一把利剑，深深刺痛了任政幼小的心灵。他在心里暗暗发誓，一定能做到悬臂，一定要把字练好，将来让嘲笑他的人对他刮目相看。

就这样，当别的孩子在老街上尽情地玩乐，任政则静下心来，浸淫在笔墨书香之中，在黑白的世界里

收获着耕耘的酸甜苦辣。他遵照叔祖任心尹的要求，每天悬臂练习大字两百个，从不间断。任心尹还叮嘱他，学书须一专、二博、三自立。幼小的任政谨记在心，练字就更加勤奋刻苦，从不懈怠。

数月过后，那位老街坊的邻居再次看到悬臂练字的任政，惊讶万分。当他再看到任政那工整的大字时，羞愧不已。他对任心尹说："想不到这孩子，几个月时间，进步飞快啊！"

有了别人的鼓励和称赞，任政对学书充满了信心，梦想也在他的心里悄悄地萌芽。

每从私塾回来，任政做的第一件事情就是练字。翻看字帖，揣摩字的结构形态，多临摹几遍，练到自己满意为止。他练字常常是废寝忘食，自得其乐。

任政 12 岁时，在路桥便小有名气了。一个年仅 12 岁的少年，能写出这么好的字来，实属难能可贵。于是，在春节前夕，任政为老街的乡亲们免费书写春联。

这不，在十里长街，好多人围在任政的边上，抢着要他写的春联。"大家都别急，人人有份。"任政耐心地劝大家别争先恐后，挨个有序来。乡亲们一个个收到任政书写的春联后，都对任政的书法交口称赞。特别是一位老者，看了任政的书法后，直言道："小小年纪，能写出这么漂亮的字，将来大有可为啊！"

任政将众人的赞美之词记于心中，激发了学好书法的无穷动力。

1934 年，18 岁的任政以优异成绩考入浙江黄岩长途汽车公司。

然而，一场大火烧毁了任政的家。任政负笈离别故乡，只身来到上海，进曹家渡隆草染织厂当了一名练习生。

在上海这个旧社会的十里洋场，任政饱尝了人间的酸苦，经历了很多的磨砺挫折，练就了他坚韧不拔、吃苦耐劳的品性。

一个偶然的机会，任政看到了上海邮电局的招人信息，备受鼓舞，发奋一年补习英文和诗文，于 1939 年顺利地考入了上海邮电局。由于工作需要，书法便有了用武之地。任政凭借书法的特长，

不久就当上了科员。在邮电局的四十年，在各个岗位上，任政都勤奋工作、任劳任怨、虚心诚恳。尤其在新中国成立之后，宣传党的方针政策，宣传社会主义制度，宣传邮电业务，多次被评为党的优秀宣传员、工会积极分子、先进工作者，为邮电通信发展作出了积极贡献。退休后的任政也没有闲着，担任上海市文史研究馆馆员、上海市书法家协会常务理事、上海外国语学院艺术顾问、复旦大学国际文化交流学院艺术顾问等。

任政早年蜚声艺苑，著作论述极富。已出版及发表的作品有：《楷书基础知识》《少年书法》《祖国的书法艺术》《书法教学》《谈王羲之书法》《隶书概论》《隶书写法指南》《兰斋唐诗宋词书帖》《任政隶书》《任政行书千家诗帖》等。多年来在上海各学校、电视台、青年宫、文化宫等单位讲学。

任政一生生活简朴，为人随和、诚恳待人、助人为乐。他不趋炎附势，不随波逐流，不拿腔作势，不居高临下。他对权威话语保持着自己清醒的独立思考，对弱势群体充满着同情与关怀。

平时求书者无论男女老幼、领导群众、亲友邻里，他都一视同仁，一一提笔，来者有份。任政在书房贴了一张条子：亲朋好友，只限一张，速战速决，请勿久留。

在物质匮乏时期，月平均工资只有 30 元左右的年代，如果来者没有带纸，任政收取四毛钱的宣纸费用，而一张宣纸当年市价就是四毛钱，所以等于是免费书写。有些人不懂，拿了白报纸、铅画纸来求字，任政总是耐心问清用途，不仅分文不取，还要倒贴宣纸。他常常写到中午 12 点，还不能吃午饭。

有一次，有个叫秦义民的人来求字。秦义民见人太多，就要告辞。任政便疑惑地问："字还没有写，是不是纸没有带来？我有，我给你。"秦义民回答："人太多，改日再来。"

几次下来，任政就认识了秦义民。任政告诉秦义民，自己每天早上临过帖后都会到小花园锻炼身体，打完拳后还要回去写字。

好习惯就是这样形成的。

后来任政经常举办书法展览，都会让秦义民帮忙一起挑选参展作品。秦义民挑选好后诚惶诚恐："任先生，我是瞎挑的，要不您还是请内行来挑选吧！"任政一脸信任地说："书法是为人民群众服务的艺术，你既了解我的字，又代表人民群众的喜爱，当然有权利来挑选我的作品。"

任政还是一名书法教育家。《浙江日报》曾以"都说他有弟子三千、贤人七十"为题，盛赞任政。到底有多少学生，任政自己也说不清。在他的学生中，光参加市级以上书法协会的就有100多人。真是"桃李不言，下自成蹊"。

说到书法教育，任政对儿童关爱有加，他的"永"字五笔法启蒙了一大批书法爱好者。

一天，秦义民陪任政到静安区政协给小朋友作书法辅导。任政课堂上讲得有声有色，小朋友们听得津津有味。下课后，数百名小朋友蜂拥上前，请任政签名。任政一时忙不过来，情急之下，只得拿出印章数枚，往小朋友们递上来的簿子、白纸、书上盖。任政一直忙到双手沾满红印泥。小朋友们连声叫着"谢谢任爷爷"，一个个满意地离去。

1979年，上海字模一厂开发新产品，邀请全国20多位书法家各写行楷200字，拍照后以无记名方式让新闻界、专家共同评选。结果，任政的字一举夺魁。任政花一年半时间写6850个字，做成字模。不久，《人民日报》《文汇报》《新民晚报》等各大报刊都选用了这套字模。后来，电脑也应用了这套字模。当时，厂方付给任政仅700元笔墨费。

1981年，路桥的金益富初涉书坛，需要书法上的指点，正在苦寻良师。或许是有缘，亲戚替他引见任政先生。

这年11月28日下午，金益富满怀喜悦地赶到上海四川中路668号，被接待人员带至三楼的接待室。

长街故事

金益富只见一位 60 多岁的长者在北侧的大书案上奋笔疾书，两旁长椅上坐着许多人，有年轻的、年老的，还有来华旅游的外国人士。金益富静静地打量房间的陈设：书案上放着一盆翠绿的兰花；文房四宝、大小图章整齐地摆放着；一尊小香炉，两条红木镇纸置于其间；墙壁上悬挂着墨迹未干的书法条幅。

当最后一位求书者离开后，任政问金益富从哪里来，金益富回答家住路北街。

任政用流畅的乡音告诉金益富："我们是真正的老乡。我家住周泰兴桥旁。"

任政和蔼的态度，温和的语调，一下子拉近了两人的距离。

而后，任政详细询问路桥的发展情况，金益富一一告知。

天色渐暗，谈兴甚浓的任政执意要金益富到他家做客。晚饭后，金益富说明来意，敬请任政指点书法迷津。

"艺无止境何谈指点，就让我们共同学习吧。来，拿出你的作品探讨一下。"任政高兴地说。

金益富拿出作品，任政看了后，诚恳而有分寸地指出了缺点，并鼓励他："笔力可嘉，花功夫苦练，会有前途的。"

任政跟金益富讲了自己的书法受叔祖任心尹的发蒙熏陶，有了深厚底蕴，后又得到书坛一代名宿沈尹默的点拨，日益精进，才形成现在秀润飘逸、洒脱有致的特有风格。他又向金益富详细讲解了五指执笔、章法和选帖的要领，传授运腕等技法，还谈到了"开卷有益"。

"退笔如山未足珍，读书万卷始通神。"任政吟诵道。

任政告诫金益富，写字之初，从学帖入手，易学到用笔，要以神采为上，形质次之。重点要多读书，从中感悟书艺，少霸气，少火气，以书卷气浓郁为佳。金益富听后豁然开朗。

任政已毫无保留地传授其艺术上的实践和经验精髓。此时，金益富惶恐又小心地问："任先生，我欲拜您为师，但不知怎么开口好。"

　　"你我同乡，同爱好，有缘相见，只要你刻苦学习，努力上进，我会乐意教你的。"任政欣喜地答应了。

　　从此，金益富随任政踏上漫长的学书之路。

　　1981年，任政接任务，书写了"淮海战役纪念碑"碑文，这是他视为无上光荣的作品。1983年，任政东渡日本讲学，深得友邦人士钦仰。1992年，他应邀为周恩来纪念馆题字珍藏。1993年为毛泽东纪念堂题写大幅诗词，由中共中央办公厅发证珍藏。1997年，任政被上海市书协及文联誉为"德艺双馨"书法家。

　　上到国家领导人，下到平民百姓，都能得到任政的墨宝。他的作品多次作为我国国家领导人赠送来华访问的美国、日本、新加坡等国家元首的礼品。有人曾说："任老，您是大名家，该惜墨如金了。"任政却笑道："生命不息，挥毫不止。书法艺术是人民创造的，它应该属于人民。书法家只有根植于民间土壤，才能长葆青春，永不凋谢。"

　　上海街头，乃至江浙一带，任政的字不计其数。尤其是"上海青年宫"五个字，矗立在"大世界"正门上，引不少人驻足观赏，算得上当时上海滩上最大的招牌了。

　　1985年，秦义民将任政的一幅书法作品带至素有当代草圣之誉的林散之处欣赏，并说了任政心中的苦恼：满大街都是他的字，字太泛滥了，也没有什么版权。林散之听了哈哈大笑，说道："想当年，郑板桥居扬州，家家户户的门联都出自板桥之手，多得不能再多，现在到哪里去找一幅呢？"

　　回到上海，秦义民把林散之老人的话转告任政，任政很高兴，说："谢谢，我不改初衷！儿时学书，颇似蚯蚓吃土，吐的还是土；如今习书，则犹如蜜蜂采花，酿成其蜜。书法艺术，国之瑰宝，只要群众喜爱，我就笔耕不止。"

　　1999年7月，金益富赴沪探望任政，竟是师生最后一次见面，最后一次畅谈。

长街故事

卧床养病的任政附耳相告："年来身体每况愈下，可能难以好转，听你介绍路桥发展情况，深感欣慰，欲写幅'我是路桥人'的条幅留作纪念，也聊表游子阔别故土的敬意和眷恋。"

金益富没有想到，亦师亦父的任政先生于这年8月30日逝世了。

通观任政先生的一生，临帖无数，字课万千，精勤不懈，功力之深，鲜有其匹。善鉴别，富收藏，精用笔，擅各体。楷书法初唐，行草宗二王，分隶学两汉，在继承优秀传统基础上，推陈出新创出自己风格，雄健挺拔，工整秀丽。任政平日里节衣缩食，如饥似渴地搜集、购置历代名家碑版法帖，且不以天赋自持，比旁人付出加倍的时间和精力，数十年的辛勤耕耘，终于形成了风神洒落、筋骨老健的书风。任政潜心书艺、伴食笔墨的一生，以其坚韧执着的治艺精神、雍容端穆的华美书风、推己及人的教育方式以及平实亲和的人格魅力，赢得了书法界同仁的一致敬重和海内外广大书法爱好者的交口赞誉，成为二十世纪中后期最受人民群众喜爱的书法艺术家。

如今，杭州西湖景区、富阳鹳山郁达夫纪念馆、绍兴大禹陵、兰亭、苏州沧浪亭、马鞍山李白纪念馆等地，或匾或对，或木雕或石刻，都能看到任政的佳作。电脑上常用的"华文行楷"也是任政先生的字模。

任政的书法已成为路桥一张亮丽的文化名片。期待任政的作品回家，让更多人欣赏到他的作品，记住他的名字。

地名风物故事

不肯去观音与妙智寺

○ 管彦达 整理

佛教约在汉代由印度传入中国。传入路径有二：一北，一南。其北传佛教，从古印度北传经西域传入中国，以大乘佛教为主。其南传佛教从古印度向南，传入斯里兰卡、缅甸、泰国、老挝、柬埔寨等南亚、东南亚国家以及中国云南傣族等少数民族地区，以小乘佛教为主。中国内地佛教主要是北传佛教，所谓"佛出西天"。

三国两晋南北朝时，佛教便进入台州。南北朝时，智顗大师便已在天台山创立天台宗。路桥最早的佛教寺院普泽寺，隋开皇时建，紧挨着南北朝。

宋太祖建隆元年（960），此时统治浙江及台州地区还是五代十国时的吴越国，有个行脚僧（即自愿佛教传播者）南慧背着观音神像来到新安镇（即路桥镇），由于长期赶路，又累又渴，于是就在路廊里卸下神像，坐下来休息。行脚僧向居民讨水喝，居民纷纷拿出开水为他解渴。居民问道："你从何而来？"行脚僧答："我从四川来。"问："四川多远？"答："我已走了百十天了，

不知走了多少路。"问："你背的是什么？"答："我所背的观音像，赐福消灾，普度众生。"问："你想把观音像背到哪里去？"答："我也不清楚，看缘分吧。"

行脚僧休息过后，精力得到恢复，说道："谢谢你们的茶水，我已休息过了，我要起身告辞了。"于是他站起来，重新去背他的观音像。不过他立即感觉到观音像变得十分沉重，他努力去背，并不没有背起来；行脚僧只好求助于旁边的人："你们两个年轻人，请你们帮助我抬一下，好让我背上去。"两个年轻人来到神像旁，但尽管他们用尽全力，竟然也无法抬动神像。正当人们疑惑之时，只见彩霞纷纷环绕，天空出现观音本相。在场的人无不吃惊，四周的人纷纷赶来观看。整个巨镇都被这现象惊呆了。此时，族长发话了："莫非此地就是观音的归宿！"一语惊醒所有的人，大家立即顶礼膜拜，一致要求南慧再也不要前往他处，把观音像留下来。南慧见神像也不肯他往，知道此地就是他千里行脚要找的地方，于是答应把神像留下来。

人们大喜，立即由各族族长合议，就在附近择地建造寺院。寺院建成后，名为"灵感观音"，并留南慧主持。南慧圆寂后，如吉继位，他在主殿的基础上，又营造了内照庵、涤虑轩，并把近旁的右军墨池也圈入其中，并把"灵感观音寺"改为"妙智寺"。

北宋元丰三年（1080），会稽人陆佖来任黄岩知县，他的兄长陆佃来看他，并希望弟弟能带他参观县域奇迹。陆佖领着兄长参观灵感观音寺。如吉见知县到来，热心接待，并要求知县留下文记。知县笑道："吾兄才学长于弟弟，就请兄长为之记吧。"于是陆佃撰写了《妙智寺记》，此记载于《赤城志卷第二十八·寺院·黄岩》里。陆佃写道："然其最佳曰妙智寺，盖建隆中僧南慧之所造，迄今百年，继者非一，而卒成者，如吉也。""夫所谓妙智者，佛之所知是也。疏观泛救，无适而非，真可得而不可求，可知而不可授，虽母欲以与季不能也盖智难口传，妙须心解，如此今以名

其寺，如吉与其徒，托而居之矣，当知是也。"

《记》后还记载两首诗。一为赵抃《题内照庵》：

> 山老旁庵名内照，掩扉默坐徒观妙。
>
> 欲知毕竟事如何，无量寿光逾两曜。

赵抃（1008—1084），字阅道，号知非子，浙江衢州人，宋景祐元年（1034）进士，官至参知政事，素有"铁面御史"之称。神宗时，与王安石议政不和，出知成都。卒谥"清献"。著有《赵清献公文集》10 卷及《成都古今记》33 卷。

一为岑象求《题涤虑轩》：

> 圣人重洗心，君子贵浴德。
>
> 清心是道场，金仙有遗则。
>
> 人言我虑不须涤，我谓几人能涤得。
>
> 以此息万缘，以此消六贼。
>
> 君不见，
>
> 水观月观成道人，尽向此门生妙识。

岑象求，字岩起，梓州人。举进士。神宗熙宁中为梓州路提举常平。哲宗元祐元年知郑州，徙利州路转运判官，改提点刑狱。五年为殿中侍御史。六年（1091）出为两浙路转运副使。七年入为户部郎中。徽宗建中靖国元年以权尚书刑部侍郎为覆按山陵使。后入元祐党籍。有《吉凶影响录》10 卷。

有如此奇特的观音灵感，又有陆佃的《妙智寺记》，又有右军墨池胜迹在其中，妙智寺的地位名气非同凡响。杨晨《路桥志略》载宋代名流寓居，多有题咏。最有名的莫过南宋状元王十朋《宿妙智寺》。此外，还有刘彝《题涤虑轩》、虞策《题涤虑轩》、左誉《题涤虑轩》等。

"廿五间"的传说

○ 李异 整理

在三桥到新安桥（枭糠桥）之间，曾经是十里长街最繁华热闹的路段，其中有二十五间商铺，更算得上寸土寸金，向来是路桥商家必争之地。虽然店主人换了一代又一代，经营的生意也各不相同，但历经千年，"廿五间"的金字地标招牌却始终屹立不倒。

"廿五间"边有一条小运河，它是南官河的一部分。南官河流经河西处折了一个弯，就像一个月牙儿，斜斜地穿过小镇，跟从西边鉴洋湖来的山水泾汇合后，一路朝东南流淌。清代时，为了留住了路桥的水财，人们在直直的南官河上修了两个弯弯的河道，因其形似眉月，又称"月河"。其实月河的称谓，早在宋代就有了，跟"廿五间"的起源一样早。

那时的路桥还不叫路桥，叫新安镇，那时还没有十里长街，月河也不叫月河，镇子远不像后来这么繁华热闹。但因为离海边的盐田不远，盐商已经络绎不绝了，渐渐吸引了其他的商户来镇上做买卖，新安镇

因此算得上台州东南一个初具人烟的镇子了。

月河与山水泾汇合处的东岸有座寺庙，唤做妙智寺。这座寺院可不是一般的寺院，寺里的观音殿供奉着一尊从四川峨眉山请来的灵感玉观音，据说很是灵验。新安镇的百姓们每逢月节俗庆，都喜欢来这里祈福求神。然而大部分人不知道，其实妙智寺里还有一个财神殿，殿里供奉的财神爷跟别处不一般，别处的财神手里都捧着聚宝盆或者金元宝，可是这里的财神却拿着一杆秤，这是怎么回事呢？听我慢慢讲来。

话说北宋末年，这天大清早，妙智寺十六岁的小和尚慧义照例拿着扫把，打开山门准备扫地，这是师父交给他的每日功课，小和尚不敢怠慢。

可是一开山门，小和尚顿时傻了眼，只见寺门外乌泱泱挤满了人，齐刷刷盯着小和尚，都是些拖家带口、衣衫褴褛的外乡人。小和尚吓得丢掉了扫把，连滚带爬跑进方丈室。

"师父，不好了，不好了，出大事了！"小和尚喊。

"何事大惊小怪？为师不是告诫过你，万事要持平常心吗？"老和尚不悦地斥责。

小和尚如此这般一汇报，老和尚也坐不住了，召集了僧众，快步走到山门外一探究竟。

"阿弥陀佛，施主，你们从哪里来？为何流落到此？"老和尚问为首的难民。

"长老，我等都是中原百姓，只因金兵南下，兵荒马乱，民不聊生，故而逃难到此。如今钱粮已尽，无法再行，恳请大师收留，好在此地安家。"那人回答。

"善哉善哉，国难当头，本寺自当大开方便之门……"方丈刚开口，一边的胖持事在他耳边小声耳语。

"……诸位远途劳顿，本寺立刻安排施粥，先填饱肚子再做打算。"老和尚改了口风。

　　小和尚慧义在旁边听得明白，胖持事提醒同老和尚，现在寺田都已租完了，这新安镇也没别的营生，一下来这么多外乡人，小小寺院如何养得？此事还得与监镇商议为妥。

　　长老让慧义把这些难民安置到寺边的空地上，给了些干草铺在地上。慧义跑进跑出，帮助难民们铺草。

　　"小和尚哥哥，长老会不会收留我们？"一个怯生生的小姑娘问。

　　"我想，会的，我师父最慈悲了。"慧义挠了挠光头，说。他看到这个十四五岁的小姑娘瘦得跟只小猴子一样，心中不免可怜，跑去后厨偷偷拿了两只馒头送给她吃。

　　"谢谢哥哥！"小姑娘说，她名叫阿月，她家是做木匠的，她爹爹的手艺是汴京城最好的。看着小姑娘大口啃着馒头的模样，慧义也很开心。

　　刚回到寺里，慧义就看到监镇大人和师父师伯坐在客堂里商量。监镇大人认为本镇资源有限，况且金兵南下，不知大宋军队能否抵抗得住。这么多外乡人涌来，势必与乡民争夺田地，造成事端，不如给他们吃几顿饱饭，发点路费盘缠，早早打发走罢了。

　　思来想去，老和尚虽心中不忍，但也没什么好办法，只得同意。

　　"我们多给些盘缠，也就是了。大师，妙智寺寺产丰厚，佛家以慈悲为怀，这笔盘缠费……"监镇喝了一口茶，笑道。

　　慧义心里啐骂：这个一毛不拔的狗官，专打妙智寺的主意！偏偏师父是个老好人，看来又要被他敲竹杠了。这届监镇在新安百姓中风评不好，把控盐捐酒税，出了名的雁过拔毛，此番让寺院捐钱，以监镇名义发给难民，又不知中间有多少落入他的私人腰包。

　　"救助难民，本寺义不容辞，大人尽管放心。"果然，师父答应下来了，

　　"大师真是慈慧为怀，那我就替新安镇百姓和这批难民谢谢你

了！"监镇哈哈大笑。

"监镇大人，要是他们不肯走呢？"胖持事问。

"这帮人若是敬酒不吃吃罚酒，那就让镇兵赶他们走！除非……"监镇作色道，眼睛一转，又说，"除非他们能拿出二十五两银子当作落户费。"

"阿弥陀佛。"老和尚闭上了眼睛。

慧义听到他们的决定，心如刀绞，郁郁地回到后厨帮助师兄们烧粥。突然，后厨门边出现一个小脑袋，正是阿月，冲着他神秘一笑，就消失了。

"阿月，你怎么跑这里来了？"慧义赶紧追出去，没想到外面竟有二十多个孩子。这些孩子见到慧义，一下子把他团团围住。

"慧义哥哥，你还有馒头吗？他们都几天没吃饭了，你再拿一些分给他们吃好不好？"阿月拉着慧义的僧袍恳求。

看着孩子们渴望的眼神，慧义一时间不知如何是好。如今世道不太平，寺里的日子其实也过得紧巴巴的。妙智寺的寺产虽多，但师父宅心仁厚，把田地租给乡民，都是极低价格，所余有限。如今施粥，也是把寺里下个月的口粮挪用了。

"慧义哥哥，我们不白吃你的，我们会干活。"见慧义迟疑，阿月说。

阿月一声招呼，孩子们呼啦一下跑进后厨，洗碗的洗碗，搬柴的搬柴，弄得烧饭的师兄一头雾水。

"大胆，谁让他们进后厨的？佛门清净之地，成何体统？"门口一声大喝，吓了慧义一跳，回头一看，正是胖持事。慧义不喜欢他，他总是对后辈很凶，却跟监镇走得很近，慧义老觉得他在师父背后不做什么好事。

"师伯，他们是来帮忙干活的。"慧义慌忙解释。

"是啊，大师，我们都会做各种各样的活，靠自己的双手吃饭，不会给你们添麻烦的。"阿月说，指着同伴们一个一个说："我们

一共二十五户人家，这是小乙，他家是漆匠，能画各种漂亮的漆器；这是小晨，他家祖传的花渍酒可是连苏东坡先生都夸过的；还有阿莲，她家做的蜜饯果子，曾进贡皇宫呢……"

"停停停，什么乱七八糟的？乱世之中，这些花里胡哨的手艺能顶饭吃吗？我都告知你们家长了，本寺只供三日稀粥，你们各自早找地方投奔吧。"胖执事又对慧义说，"明天监镇夫人要来本寺祈愿，你多去准备准备，别在这里陪这帮外乡小孩玩。"

胖执事走后，孩子全都垂头丧气。他们南迁这一路奔波流离，到了江南，不断有人离开，人数越来越少，却始终没找到宜居之地。来到新安镇，发现这里山清水秀，气候温润，尤其有条小运河经过镇上，蜿蜒南流，旁支水系四通八达，而往东不远便是茫茫东海，尽得山海平原之利。大人们说，这是个经商买卖、安居乐业的好地方，都好生喜欢。不想此处也不肯收留他们，如今钱粮已尽，再往南走，等待他们的将是卖儿鬻女的惨事。孩子们想到此，不由纷纷悲伤抽泣，哭成一片。

慧义小和尚义愤填膺，就把监镇的馊主意一五一十都告诉了阿月。

"二十五两银子？我们现在连饭都吃不饱，哪有银两来孝敬监镇。"小月生气地哼了一声。

到了晚上，慧义做完晚课，照例去妙智寺后侧的涤虑轩收取宿费，这是老和尚交给他的任务。涤虑轩位于一片竹林之中，轩旁就是昔日书圣王羲之洗砚的墨池。涤虑轩是妙智寺开的邸店，许多来到新安的文人墨客和商贾，总喜欢住在这里，静思冥想，以解心愁。

慧义路过墨池边。只听得轻风吹过，竹叶沙沙作响，仿佛轻泣之声，又见池中莲花已经凋零，水月倒映，虚无空蒙，不觉更添伤感。

"涤虑啊涤虑，你又怎能涤得了世间的忧虑？"慧义坐在池边长叹道。

突然，一颗小石子落到池中，溅了慧义一脸水花。慧义抬头一看，竟又是阿月，趴在墙头向他招手。阿月说，她去寺里找他，可管门的和尚不让进，就绕到后门围墙，本想翻墙进来，不想正好看到他在池边发呆。

"慧义哥哥，我想到了一个方法，但需借你家寺院里的财神爷一用。"阿月说。

"借财神爷？"慧义将信将疑。

第二天，监镇夫人果然来到妙智寺财神殿、还愿。原来她到妙智寺，不拜菩萨不拜佛，不为别的，都是为祈财而来。

"财神爷啊财神爷，前几年多亏您庇佑，保我家发了点薄财，今后您再显显灵，让我家发发大水财才好。"监镇夫人念念在词跪求道。

慧义在一边心里讥笑："你家那些搜刮的民脂民膏还叫薄财？财神爷遇到这般贪得无厌之人，想必也是头疼。"于是清咳了一声嗓子，说："夫人，你若想求财，可是没拜对方法。"

"小和尚，你在胡说什么？"监镇夫人不悦道。

"夫人难道不知？财神爷最讲公平，你施小钱，当然只能得薄财，你施大钱，才能发大财。"

"此话怎讲？"

慧义在监镇夫人耳边低声说："夫人有所不知，财神爷手中捧的是聚宝盆，这可是咱寺院里的大法宝，你放一锭银子下去，就能得到两锭银子。施得越多，得的也越多。但你不能跟任何人说，包括监镇大人，否则法宝就破功了。"

"当真？"

"出家人不打诳语。"慧义双手合十说。

监镇夫人喜出望外，当即取了一锭银子试验，把那银子扔到财神像的聚宝盆里，只当的一声，那锭银子落入盆底，就好像什

么都没了。

"我的银子呢？我的银子哪去了？"监镇夫人探头往盆里看，问。

"夫人莫急，财神爷收你银子了，他要生银子，也是需要一点时间的。"慧义笑道。

过了两炷香时间，突然听到聚宝盆里哐啷一声响，把监镇夫人吓了一跳。慧义说声"有了"，踮脚伸手从聚宝盆里掏来摸去，竟取出了两锭亮晃晃的银子。

"哎哟喂，小师父你可真是活菩萨！"监镇夫人一见银子，顿时嬉笑颜开，拿着两锭银子左碰碰右碰碰，当当作响，爱不释手。

不出阿月和慧义所料，当天下午，监镇夫人就瞒着所有人，秘密拉来了家里积攒的所有银子，足足有一千两。一两一两投入聚宝盆里，奇怪的是，聚宝盆似乎总也填不满，直到一千两银子投完，聚宝盆里还是空空的。

监镇夫人满怀期待，苦苦挨了一炷香的工夫。可是，盆里并没有什么响动。监镇夫人急了，就质问慧义。

"夫人，莫急，一两银子生一两银子，需要两炷香的时间，一千两银子，那得要多长时间啊？再说了，财神爷也要吃喝拉撒，睡觉休息的，所以，一天顶多二十炷香的时间能工作。"慧义说道。

"啊！那岂不是要用上一百天？"监镇夫人掰着手指头算了算，一屁股坐在了地上，可转念一想，要是一百天就能让一千两银子变成两千两，也是件划了大算的美事。于是转忧为喜，屁颠屁颠打道回府了。

监镇夫人走后，阿月提着装满了银子的大麻袋从财神像后走出，和慧义开心地大笑。原来，这是阿月设计的计谋，她联合了几个心灵手巧的小伙伴，每个人都献上祖传技艺，会木工的做木工，会漆艺的做漆艺，连夜制成了底下装有机关的"聚宝盆"，还让会泥工的孩子用当地特产的蛎灰烧制了一锭假银子，外面刷上一层

银粉漆，敲击能发出银子般的声音，竟然以假乱真。

隔天，监镇见那批难民还没走，火上心头，刚想点兵赶人，师爷捧着一只大箱子急急忙忙跑进来，如此这番一汇报，监镇把那小箱打开一看，里面果然放着白花花的二十五两纹银，监镇双眼发光，拿起银子咬了咬，确定是真银子，才放下心来，换了一副面孔。

"这些穷鬼竟然还想假装没钱，被我一唬，还不乖乖掏出来。"监镇得意地笑道，看来这批人还可以再榨一榨，于是下令把他们暂时安置在妙智寺外。

慧义和阿月用剩下的银子，跟住持租了二十五间地面，盖了二十五间铺子，又为难民们垫资置办生产工具和采购货物，没过多长时间，妙智寺外最初的商铺都像模像样开张了。

二十五间商铺，二十五个行业，二十五个经验丰富的老手艺人和商人，一下子就为新安镇注入了二十五股新鲜的血液。远近四方的百姓都闻声而来，妙智寺前成了一个大集市。

可是，转眼百天就要到了，监镇夫人那一千两白银可是要双倍还的，慧义着急地找阿月商量。

"慧义哥哥放心，长辈们说得没错，新安镇是做生意的风水宝地，我们这一百天，都回本了。"阿月说，"只是，她家的银子都是不义之财，我才舍不得把我们起早摸黑辛苦赚的钱给她呢。"

"那怎么办呢？如果还不了钱，监镇知道了，肯定会暴跳如雷，跟你们动武的。我就怕你……"慧义说。

"怕我什么？"阿月笑问。

"阿弥陀佛！"慧义双手合十，只管念佛，又惹得阿月一顿笑。

"慧义哥哥，你不用担心，我心里有主意的。"阿月见小和尚愁眉苦脸，柔声跟他说。

到了第一百天，监镇夫人果然火急火燎地早早跑到了妙智寺。她在家天天掰手指掰了百天，再也等不住了。慧义心中忐忑不安，

阿月只是叫他放心，可并没有告诉他怎么还这些银子。

"我的银子呢？财神爷，快让你的聚宝盆吐银子哟！"监镇夫人跪在财神像前磕头。

可是，聚宝盆一点响动都没有。

"小和尚，是不是你骗了我家的银子？"监镇夫人似乎有点回过神来，转头就抓着慧义的衣襟质问。

慧义支支吾吾，也不知如何回答，正在冒冷汗之时，只听得聚宝盆内啪的一声，一锭银子竟然从盆里跳了出来，落在地上。

"财神爷显灵了！我的银子，我的银子又生出来了！"监镇夫人一见，由怒转喜，松了手，扑在地上捡银子。

紧接着，银子一锭一锭地从聚宝盆里跳出来，监镇夫人大喜，满地追着捡。捡着捡着，就捡到了一个人的脚下，那人竟穿着官靴，抬头一看，竟是黑着脸的知县大人。而在知县旁边面露尴尬之色的，正是自己的监镇丈夫。

"原来传闻都是真的，庞监镇，你又作何解释？！"知县一脸怒容问监镇。

"大人，这……这都是我治家无方啊！"监镇结巴着说。

"我看，不是你治家无方，是本县治你无方吧！"知县怒哼一声，甩袖而去。

监镇和夫人闻言，不禁瘫坐在地上。他看到财神前的聚宝盆仍在不断吐银子，不禁大怒，跑上前操起烛台，把聚宝盆砸了个粉碎，才发现原来是有机关的，可一切都晚了。

监镇被绳之以法了，知县嘉奖了阿月和慧义。原来，阿月早就计划好了，她觉得，就算还得了银子，今后也要受那贪婪的监镇盘剥无度，于是，就偷偷告上县衙，把监镇在新安镇的所作所为一五一十告诉了知县大人，请他在百天之时亲临妙智寺，来个人赃并获。

住持老和尚知道整件事情后，也对慧义大加赞赏。可是，胖

执事却在一边鼓捣，说慧义犯了诳语之戒，如不惩罚，难以服众。

"你这胖和尚，怎么就欺负我家慧义哥哥？"阿月听了，鼓着腮帮子护在慧义身前，又惹得众人一声笑。

"阿月姑娘，慧义和尚怎么就成你家的了？"知县大人打趣道。

阿月脸红了，羞得跑了出去。

"慧义，你自己怎么想？"老和尚问慧义。

"这……"慧义也不知如何是好，他跟阿月在这百余天里，早已情意相投，可碍于自己和尚身份，不敢作非分之想。

"慧义，我看阿月姑娘对你是一往情深，不如本县作个主，许你还俗，你们一起守护聚宝盆吧。"知县笑道。

"聚宝盆？不是已经被监镇打碎了吗？"慧义不解。

"他打碎的那个，只是木器罢了，真正的聚宝盆，是妙智寺前面的二十五间店铺啊！有了这些宝贝商铺，利税可以源源不断，新安镇何愁不兴旺？你们说，是不是聚宝盆？"知县捻着胡子说。

后来，在知县大人的主持下，慧义还了俗，还跟阿月成了亲，当了"廿五间"所在地的里正。至于监镇搜刮来的一千两银子，慧义和阿月在知县的支持下，把它们全部还给了新安镇，用于铺路造桥，救灾济贫，四方难民纷纷来投，新安镇的人口快速集聚，一条热闹的街市从"廿五间"慢慢铺陈出去，最终形成了后来的十里长街。

人们为了纪念聪明正义的阿月姑娘，就把妙智寺和"廿五间"前的南官河，称为"月河"。而妙智寺内的财神殿，就再也没有聚宝盆了，大家觉得，新安商人发家致富最大的法宝就是象征着公平诚信的秤杆子，所以，就让财神爷拿了一杆秤。到了明清时期，人们以讹传讹，都说天上的财神爷有次喝醉酒，不小心把聚宝盆打碎了，二十五块碎片落在了路桥十里长街，化作了"廿五间"，所以十里长街这地方，是块真正的黄金宝地。

宋高宗与新安桥

○ 土根 整理

　　自从宋朝的徽、钦两帝被金人掳去之后，北宋的历史也就结束了。宋徽宗的一个儿子赵构即位，史称宋高宗，是为南宋开始，此时为公元1127年。

　　宋高宗赵构也是个模棱人物，登位伊始，他一方面不得不用李纲、宗泽等一身正气名相良将，使政局一度得到控制稳定；一方面又信任黄潜善、汪伯彦等奸臣，甚至连前朝误国奸相张邦昌都不想清除。李纲当了77天宰相，就因政事与众权臣不和，被迫辞职。接着宗泽积愤成疾而死，政局变得危急起来。金兵一路打来，建炎三年（1129）二月，高宗只得放弃扬州，到江南。闰八月，高宗离开建康（南京）逃到镇江。九月，金军占领建康，好在韩世忠、岳飞等将在各处苦苦阻挡金兵，兀术一时忙不过来。十月，高宗逃往临安（杭州），后又逃到越州（绍兴）。十二月五日，高宗逃到明州（宁波）。金兵在统帅完颜宗弼（金兀术）带领下，长驱直入，直抵临安、越州（绍兴）。十二

月十五日高宗到定海（镇海），十九日到昌国（舟山），二十六日，在左仆射吕颐浩、参知政事范宗尹、统制官李俸等护驾下，航海南逃。高宗乘的是大船，航速较慢，"自是连日南风，舟行虽稳，而日仅行数十里。"

航行二天多，高宗问："我们到哪里了？"

李俸答道："已到台州洋面。"

高宗不满地说："台州知府怎么没来接驾？"

吕颐浩回答道："听说台州知府段敏学已经逃跑了。"

这时，有只船匆匆赶到，上来数人，为首者跪在高宗前面，说道："鄙臣接驾来晚了！"

高宗问："你是谁？"

来者说："微臣是知府属下晁公为。"

高宗问："现在台州事由何人管？"

晁公为答道："已无人管。"

高宗说："好啊！你们的知府竟然逃了！从今天起，台州之事由你来管，我封你为朝奉大夫知台州府。"

晁公为叩头道："小的谢恩了。"这一天是十二月二十八日。

二十九日是己酉年的最后一天，金将阿里蒲芦浑以轻骑4000奄至明州城西的高桥，张俊等统兵力战，乡民助战并以草席覆于路，金兵马队足滑而扑，宋将出击，大破金兵，敌骑受挫暂退，是为高桥之捷。这夜是除夕夜，御舟到达椒江海口与先期到达户部员外郎李承会合，李承带来了许多钱币，正可解一时之急，大家心中稍安，就在船上过年。

第二天，即是建炎四年（1130）正月初一，高宗君臣仍不敢离舟。

初二，金将阿里蒲芦浑再攻明州。张俊、刘洪道登城督守，遣兵掩击，金兵死伤大半，败窜余姚，遣人向临安的统帅完颜宗弼讨援兵。

初三日，明州御敌获胜消息传来，大家高兴了一阵。此时正担心缺粮，正好温州知府卢知原从海路运来粮食及"金缯十余万"。大家更加高兴，御舟开向章安镇，滩浅搁舟，落帆于镇之福济寺前以候潮。台州官员闻讯前来迎接，由于是海涂头，臣下着草鞋朝拜，吕、范两人还做了一副"草履便将为赤鸟，稻秆聊以当沙堤"的对联。

高宗问："此何山？"晁公为回答："金鳌山。"又问："此何所？"回答："牡蛎滩。"高宗暗暗吃惊，屏去警从，易衣登岸步入福济寺。忽见壁间有徐神翁之诗，题墨若新。

原来北宋末，赵构还在做普通皇子时，盛传泰州徐神翁能知未来事。宋徽宗召他前来，宾礼接待。一天，徐神翁送一诗给赵构，诗云：

> 牡蛎滩头一艇横，夕阳西去待潮生。
>
> 与君不负登临约，同上金鳌背上行。

赵构当时不知道徐诗何意，及至今日遭逢，方信其为异人。时福济寺住持僧方升坐，道祝圣之词；帝在室外听见，甚喜，戒左右勿打扰。少焉，千乘万骑毕集，寺僧方知为龙驾临幸。

游罢福济寺，高宗出来。山下曰黄椒村，村之妇女闻天子至，咸来瞻拜龙颜，欢声如雷。帝喜，敕夫人各自随便。故至今村妇皆称夫人，虽易世，其称谓仍然不改。

高宗回到御舟，心情愉快，当夜，写下了《金鳌阻潮》：

> 碧云低处浪滔滔，万里无云见玉毫。
>
> 不是长亭多一宿，海神留我看金鳌。

之前，高宗登金鳌山望南岸之山，问："此何山？"答："白枫山。"

于是第二天又率舟渡江游清修寺。住持要求赏赐御笔，高宗题"清修风景千年在，沧海烟岚一笑开"楹联。用罢午膳，住持请皇上进僧房休息。高宗甚喜，午睡醒来，在僧房中作《游清修寺》绝句二首：

> 古寺青山春更妍，长松修竹翠含烟。
> 汲泉拟欲增茶兴，暂就僧房借榻眠。

> 久坐方知春昼长，静中心地自清凉。
> 人人圆觉何曾觉，但见尘劳尽日忙。

你看这个宋高宗，人在逃难中，却有此闲情逸致。高宗之随遇而安，可见一斑，从中可以看出他终究不是一个进取之君。高宗虽然游览章安和南岸白枫山，但仍然生活在御舟上。

初六，完颜宗弼领兵到了明州城外，仍由阿里蒲芦浑督军进攻。初七，张俊在明州高桥兵败，心中竟胆怯起来。初八，张俊托词保驾，引兵逃向台州，明州城居民逃离十有七八。

就在此夜，有两船为风所吹，逼近御舟。御舟上问："做什么的？"回答是："贩卖柑橘的。"于是高宗命令全部买下，分给禁卫。并令食瓢取皮为碗，贮油其中，点灯随潮放之。说也奇怪，顿时风息波平，如数万点红星，浮漾海面，当地人皆登金鳌山观望。这就是正月初八黄岩"放桔灯"的由来。

初九，张俊到达台州，高宗慌了，"上以为章安不可居"（《台州外书·遗闻》），又不敢从水路南逃，于是决定渡过椒江，进入黄岩躲避。于是命令统制官李俸带兵护卫，当夜，高宗在吕颐浩、范宗尹、张俊、李承、晁公为等陪同下，偷偷在三江口边上登岸（此处后称上辇），走到山下郎木头桥边，桥窄马不能过，高宗只得弃马过桥。过朱砂堆鲤鱼湾，进入白龙岙，是夜就宿在朱砂寺（后

因此改为隐居寺）。第二天，群臣陆续赶到，商量南逃路线。当时恰下起大雨，道路泥泞，十分难行。晁知府要求皇上再宿一夜，待天晴后起行。后来给事中（谏官）汪藻回忆当时情景，作诗道："已怯警潮渡，还忧复岭登。逢人多问教，投宿只寻僧。野饭农夫怪，山行稚子能。胡来刹得尔，诸将解飞腾。"

第三天雨反而愈下愈大。高宗却急要动身，李俅、张俊、晁公为等无法阻止，只得入唐家岙，翻过不高的白石岗头，到埠头堂。

此时大雨滂沱，恰如盆泼，群臣跟着皇上浑身湿透。走到马铺地段，高宗所骑的马疲惫不堪，猝然扑倒（因此这里就叫马扑，后转音为马铺），随从们赶快给皇上换了一匹马，继续赶路。

但是路越走越难，水越涨越高，高宗心中十分焦急，后经官民架起便桥，在一位当地老者引领下，才得以出来。高宗舒了口气，问道："此处叫何地名？"当地官员立刻抓住机会说："请皇上赐名吧！"高宗想了一会说："此地路即桥，桥即路，就叫'路桥'吧。"就这样，"路桥"之名传开了。而高宗赵构走过的新安桥，也顺理成了"路桥"的本命桥了。

高宗从路桥走出，到了一个地方，前面有一口湖塘梗阻，左右道路泥泞不堪，赵构只得下马步行（后来此处就称"下马塘"）。高宗不敢在水乡中走，转往白峰岙、丹崖山中躲避。

十三日，守卫明州城的浙东副总管张思政及刘洪道也跟着逃跑了，刘洪道微服宵遁天童山，所过尽撤沿途桥梁，民不得渡，死者甚多。

十六日，金兵陷明州城，大肆屠掠。又乘胜破定海（镇海），占领昌国（舟山）。闻知高宗在台州章安，立刻派舟师追赶。

金兵舟师追了三百里，到了台州海面，未见高宗踪迹，偏来了数艘大舶，趁着上风，来战金兵。金兵舟小力弱，眼见得不能取胜，只好向北逸去，倒被那宋军水师，痛击了一阵。读者欲问那大舶中的主帅是谁，乃是宋枢密院提领海舟张公裕。

另一支金兵从陆路向南进攻奉化，县人董之劭、李佾、任戬率乡勇民丁抗击，县城得保。金兵不能取胜，退回明州。

公裕既击退金兵，立即上岸寻报高宗，这时从奉化也传来捷报，高宗才敢从山中出来，沿官河从泽库经路桥回到海门港口。

正在此时，还有一人也来到黄岩寻高宗，此人就是女诗人李清照。清照自从丈夫赵明诚死后，本想去洪州（南昌）寻亲，金兵已陷洪州，只得独自一人随着难民来到杭州，却得知弟弟李远跟随御驾到越州，于是赶到越州，却不料弟弟又随驾到了明州，正想去明州，又得知皇帝已经南逃，于是李清照就从陆路往南，先到嵊县，再到台州。李清照在《金石录后序》中说："到台，台守已遁，之剡。出陆，又弃衣被走黄岩，雇舟入海奔行朝。时驻跸章安，从御舟海道之温，又之越。"到了黄岩之后，才知道高宗往路桥、泽库方向去了，李清照雇舟，过十里梅驿（即樊川至十里铺地段），往路桥而来。此时河道两岸梅花正开，清香阵阵袭来，诗人李清照却已无心赏梅。到了路桥，一打听，又得知高宗已经返回海门。于是乘舟直达海门，才见到高宗及自己的弟弟李远。高宗正在难中，猛见到李清照千里来寻，自然十分高兴，嘉奖她难得一片忠心。

高宗要南向温州去。张公裕劝他暂待几天，待有前方消息，再作区处。但高宗惊魂未定，无论如何不肯逗留章安。张公裕无法，只得护驾起航，御舟十八日从椒江口启程，经过路桥黄琅、温岭松门外海，二十一日到温州港口。李清照姐弟也随驾从行。

此时，各地抗金如火如荼开展，二月初三，金兵大掠后退出明州城，完颜宗弼引兵回到临安，复纵火焚掠，将所有金帛财物，装载了数百车，取道秀州，经过平江，径趋常州、镇江府。三月十九日，御舟发温州，二十四日停留在台州松门寨。《系年要录》载："是夕风顺，御舟与宰执以下诸船先后行不相见，御舟遇浅几覆。"等到群臣诸船陆续来到，高宗从松门出发沿海路经过黄琅洋

面回到台州湾。正逢百官缺粮，有秀州华亭县宋辉，"闻龙骧已涉巨浸（海），即运米十万石，以数大舶转海，访寻六龙（皇帝）所向，至章安镇而与御舟遇"。二十九日高宗抵达定海。四月初三至明州，城毁未入，拨米七千斛赈济灾民。初五至余姚，海舶不能进，易舟至越州，次年正月返临安。

八月十六过中秋

○ 管彦达 整理

方国珍世以贩盐浮海为业。国珍未长大时，家境十分贫穷。其父伯奇为了糊口，还租种陈田主的农田。其母周氏在家，含辛茹苦抚养孩子，还要在丈夫不在时，从事农田劳动，国珍兄弟目睹母亲任劳任怨、坚忍不拔，从不埋怨丈夫和训斥儿女，总是以微笑对待困难，于是从小就养成勤劳俭朴的习惯和坚强勇敢的性格。

父亲伯奇劳累过度去世，国珍兄弟奉母至孝。长兄国馨和次兄国璋依次主持家庭，煮盐务农两不误。国珍年长，开始从事贩运鱼盐，方家开始富裕起来。

伯奇和周氏和睦乡里，乡邻有急事，乐于帮助。国珍兄弟富裕之后，周氏更是慷慨大度，乐善好施。在父母的影响下，国珍兄弟又养成了胸怀宽广、散财好义的性格。

至正四年秋七月发生海啸，大风吹海水上平陆二三十里，沿海百姓房屋大量倒塌，很多人家无家可

归。方母立刻对国珍兄弟说："乡民遭难，尔等快想法救济。"国珍兄弟立即打开自家粮仓，发米救济；方母则指挥媳妇们煮粥施舍，日夜不休。

周氏虔诚信佛，每月都要到妙智寺进香，而在正月半、八月半这样重要时节，还要到南山寺、香严寺进香。国珍小时，陪同母亲一起前往。娶了媳妇后，由媳妇们陪同婆婆前往礼佛烧香。

至正八年，方国珍起义，周氏也只好跟随儿子逃亡海上。之后随着官军屡剿屡败，屡败屡招。周氏也反反复复过着逃亡、回乡的日子。

至正十五年，国珍依次占领台州、庆元、温州之后，国珍与弟国珉长驻庆元，派兄国璋、弟国瑛管理台州，侄明善管理温州。国璋名为管理台州，实则经常泛海为元廷运粮，母亲实际都由国瑛照顾。等到国珍把庆元治理安定后，就把母亲接到庆元与自己住在一起。周氏想要去普陀山瞻仰佛教圣地，国珍预先叫刘仁本把普陀诸佛地修缮一新。接着国珍、国珉带着子侄，陪着母亲，来到普陀山浏览瞻仰。

他们来到潮音洞的"大士桥"上，坐下来休息。"大士桥"建于宋嘉定初年，前已塌废。此时经过修缮，焕然一新。刘仁本当即写下了《普陀大士桥》诗：

> 金碧玲珑塔影双，绮霞香雾温疏窗。
> 鲛人织浪为华盖，龙女持珠献宝幢。
> 震海风雷音缥渺，弥山潮汐响春撞。
> 愿求示现将军相，一鼓群魔尽摄降。

接着就吟咏起来，国珍兄弟、仁本相视而笑，部下立即称颂不已。

方母听不大懂，她知道刘先生是在说好话，要求把诗的意思说给她听。仁本就解释了一番。

方母暗暗吃惊，她对国珍说："他说什么？要显示你的面相，而不要显示观音菩萨的面相？"

国珍慌忙道："儿子哪能显相，这都是刘先生的好话。"

方母款款地说："尔今富贵，不要图虚名；要好好善待百姓，才不会违背观音菩萨的善良相。"

国珍立即对部下说："尔等听着，并传我的话，从今开始，凡庆元、台州、温州的官吏，严禁扰民害民。违者将严厉处置。"

方母初一、十五吃素。方母在庆元，恰逢八月十五来临，国珍为了使母亲能享受节日之欢，又不破戒，下令庆元官吏落后一日过中秋节。不想浙东百姓感激方国珍，纷纷效仿。至今宁波、台州、温州，皆在八月十六过中秋节，就从这时候开始，相沿成俗已达六百年。

国珍母亲在庆元住了年余，想回家去。国珍、国珉苦苦挽留，又住了一些时候，方母实在不想住了，就对国珍说："我已年老，这把老骨头不想留在外面。你们不要留了，我住在这里不舒服。"

国珍无法，只得叫国珉与方礼一道把母亲送回台州。

到了台州后，周氏仍然住在方家垟，始终有孙子陪在身旁。除了明善长驻温州外，国璋、国珍、国珉的儿子也轮流从庆元回路桥陪伴祖母，连同国瑛的儿子，因此周氏的身边至少有二三个孙子在身旁相陪。

至正二十二年，国璋在仙居劝阻苗军被杀，明巩、方行领兵从庆元来，苗军已遁，从此明巩、方行就留在台州。

方礼是周氏最喜欢的孙子，一次方礼从庆元来看她，陪伴祖母到妙智寺礼佛烧香，周氏对方礼道："你爸小时候时，我每次到妙智寺进香，你爸总是陪着；后来，你妈嫁过来，就由你妈陪着。至今已几十年过去了，这妙智寺的许多地方已经破败。你与四叔与兄弟商量一下，把它修缮一下。"听到祖母吩咐，方礼自然不敢

怠慢，立即告知四叔与堂兄弟明巩、方行留了下来，与堂兄弟一道，把妙智寺彻底修缮了一番。

完工后，国瑛带领诸侄，陪着母亲来到妙智寺，妙智寺已焕然一新。周氏十分满意，夸奖孙辈做了一件好事。

周氏晚年的生活其乐融融，直至去世，葬在方家现丈夫身旁。

四衢桥

○ 管彦达 整理

　　方国瑛，国珍大弟，排行老四。早在长兄国馨被蔡乱头殴杀后，国珍组织盐工团伙报复，蔡乱头躲避海上，国珍团伙不解，经常练习。国瑛参与其事。

　　至正八年，国珍起义。朝廷派江浙行省参政朵儿只班率舟师往讨方氏兄弟，反被执，说好话为其招降。国珍受官返乡，聚兵不解。

　　至正九年，白景亮调任台州路总管。一改前任不作为态度，决心组织民团剿除方氏兄弟。他对陈恢说："我奉朝命而来，现在封你忠勇校尉，正七品，命你统领黄岩东南乡各支民团剿除方国珍。七品以下官衔由你分派，你可以放手大干了。"原来至正年间，各地频频发生造反事，而官军不会打仗，朝廷不得不宣敕组织民团乡兵，许以头目空名，没有实职。

　　至正十年（1350）十月，陈恢、毛贞德、许伯旅带领乡兵从泽国出发，杀向路桥。而国珍派国瑛率领义兵迎战。两军相遇于白枫河畔，一场恶战，乡兵

大乱，四散逃逸。陈氏宗族死者八十余人，陈恢逃避山中，忧愤成疾而卒；毛贞德扶幼子允泰遁山谷匿名姓，自号流离翁；许伯庄被国瑛抓住，表示服从，国瑛放掉他，他立即逃往他处。

至正十二年六月，方国珍占领黄岩城。设立三衙（在泽国）和四衙（在石曲）。胡璞《方衙怀古诗》曰：

> 元统闻乌呼换帝，方氏兄弟相窃据。
> 叠桥之势如投鞭，叱咤风云此雄据。
> 谁料雄图变野花，行人空自悲豪华。
> 一自鹿入明天子，留得三衙与四衙。

至正十五年，国珍依次占领台州、庆元、温州之后，自居庆元，派兄国璋、弟国瑛管理台州，侄明善管理温州。国璋名为管理台州，实则经常泛海为元廷运粮，并不在台州。台州实际管理者是国瑛。

国瑛早年跟随国珍从事农田劳作。知道水利对农业的重要。据《嘉靖太平县志》《嘉庆太平县志》载：元至正间太平范围建有车路闸，又建九眼陡门、六眼陡门，建塘有七：太平有萧万户塘、长沙塘、塘下塘、截屿塘，玉环建能仁塘、江心塘、灵山塘。这些塘大部分是方国瑛管理台州时建。

白沙人萧载之和坞根人赵师闾都曾举乡兵反对过方氏兄弟，但萧、赵又关心地方，为之筑塘。国瑛管领台州后，就去告诉他们，不必顾虑，尽管放心回来，以前的事一笔勾销。结果赵师闾兄弟仍避住杭城不返，萧载之回到乡里。国瑛亲去看望他，萧载之十分感动，答应继续修塘。国珍奏请行省，封萧载之为修塘万户，国瑛还派士兵协助，海塘得以顺利完成。命名时，萧载之建议称"方氏塘"，台州的官员人人附和；但国瑛不同意，说："此塘自始至终均为萧载之所为，应称为'萧万户塘'。"萧载之激动得说不出话，觉得自己的辛苦没有白费，更是佩服方氏兄弟的雅量与气度。

对于家乡，国瑛首先疏浚了南官河路桥段，接着对它的支流洪洋泾（到达方家堨）、逍谢泾进行疏浚。

至正二十二年，国璋在仙居劝阻苗军被杀，明巩、方行领兵从庆元来，苗军已遁，从此明巩、方行就留在台州。

在兴修水利的同时，方氏兄弟还重视修筑桥梁。在台州，方氏兄弟重修了中津桥（在临海）、三衢桥（在泽国），在路桥，国瑛修了石曲桥、四衢桥（在石曲西南）、洋屿桥（又称四府桥）。

方氏兄弟重视教育，兴建庆元府学堂与黄岩羽山文献书院（见刘仁本《羽庭集》）。由于刘仁本基本不在黄岩，兴建羽山文献书院，实际由国瑛和侄方行代主持。

方母周氏信佛，路桥妙智寺圮坏，国瑛带领诸侄，重修修缮，焕然一新。周氏十分满意，夸奖儿孙做了一件好事。

方廊柱和圆廊柱的传说

○ 纣胄 整理

公元一三六七年，吴元年，南京城。

元末之际天下大乱，群雄逐鹿，自方国珍首举义旗，起兵反元到现在，已经过去了十八个年头。

西吴不是什么正经的年号，之前张士诚被下属劝进，先称吴王；在南京城的朱元璋也被手下劝进，照样称为吴王。

因为一个的势力范围在东边，一个的势力范围在西边，故而大家都称张士诚的那个吴，叫东吴；朱元璋的这个吴，叫西吴。

按照道理来讲，朱元璋继承了龙凤政权的势力，当以龙凤为年号才是，结果去年小明王莫名其妙溺死江中，这个年号，却是用不得了。

就在上个月，东吴没了，平江城破，张士诚入室自缢，被人救下，押至应天见朱元璋，因闭目不语，朱元璋大怒，命人将之乱棍打死。

朱元璋的大军西下无锡、常熟，加上数年前伐灭

陈友谅大汉政权，已经扫平江南。

朱元璋的魄力，从现在的南京城便能够看得出来，从上一年开始，设百官司，造南京城，已然开始展露千古帝王之相。

南京城一改以往都城取方矩为形的旧制，在六朝建康城和南唐金陵城的基础上，依山脉水系的走向修建。

南以外秦淮河为天然护城河、东有钟山为依托、北有后湖为屏障、西纳石城入城内，得山川之利，控江湖之势。

这将是中华历史上旷古以来，最大的一座都城，宣示着朱元璋"驱除胡虏，恢复中华，立纲陈纪，救济斯民"的勃勃雄心。

皇城广敬门外，无数的工匠、军士，正在脚手架上抛递砖石，夯筑泥土，修造着城墙和城门。

这道门，将来会改作一个大名鼎鼎的名字——洪武。

一队马军，簇拥着一名锦袍人抵达城门之下，引来了城上城下匠人们的围观，一名监事瘸着腿，拿着鞭子过来，在空中虚抽一下，发出"啪"的一声，大声喝道："看什么看？！热闹能当饭吃？赶紧干活！"

匠人们似乎也不惧这名监事："大人，这又是啥人啊？"

李姓监事看样子也是因伤从军中退役下来的，只看了城下经过的卫队一眼："征南将军的旗号，那是汤帅的人马。"

说完恨恨地啐了一口："呸！台州绿壳海精！"

被卫队簇拥在中间，正在通过城门的锦袍人很明显听到了城头上的这声唾骂，不由得面露苦笑，夹了一下马肚，促快马步。

卫队在宫门处将锦袍人交给了宫卫，搜检一番之后，一名绿袍小官过来，带领锦袍人一路步入宫中，将之引到一间偏殿。

一名中年汉子穿着赭黄常服，正在批阅章奏，见到锦袍汉子进来，放下手里的朱笔，呵呵笑道："国珍来何晚也？"

锦袍汉子在案前顿首："待诛臣方国珍，叩见吾王。"

中年汉子正是南京城的主人朱元璋，现在正是年富力强，英

睿神武的时候："国珍言重了，起来吧。"

锦袍汉子，正是刚刚投降过来，被征南将军汤和送至京师叩阙的三州大豪，方国珍。

待到方国珍站起身来，朱元璋对着他端详了一阵："要算起来，国珍才是反元第一人，比我都早了四年啊。"

方国珍赶紧跪下："臣不过保护乡里，交好邻州，静待真人而已。唯独不该，是曾受元廷蛊惑，以为他们终还有点人性，曾经对抗过义军，罪不待诛，今日悔愧莫及。"

近二十年里，方国珍屡战屡叛，合纵连横。同官军打过，也和过，同各路义军打过，也和过；

做过元朝的海道漕运万户、江浙行省左丞相衢国公；也接受过朱元璋福建省平章事的任命。

朱元璋微笑道："知道我为何屡次被你冒犯，却坚持先除陈友谅，张士诚吗？"

朱元璋攻取婺州，即后世金华后，曾经派主簿蔡元刚出访方国珍，意在招纳。

方国珍奉献黄金五十斤，白金五十斤，有花纹的丝织品一百匹。其实虚与委蛇。

朱元璋又派镇抚孙养浩回访他。方国珍请求进献温、台、庆元三郡，并派次子方关作为人质。

朱元璋没接受人质，而且给予厚赐，将他送回；又派博士夏煜前去，拜方国珍为福建省平章事，其弟方国瑛为参知政事，方国珉为枢密分院佥事。

结果方国珍名义上奉献三郡，实则心存二心，待夏煜到后，他诈称有病，自言年老不能称职，只接受平章印章及诰命。

朱元璋写信告诫他："我开始认为你是识时务的豪杰，这才命你专制一方。你却居心叵测，想探听我的虚实便派你儿子来，想推却所封官爵则自称年老有病。历来聪明者可转败为功，贤能者

可因祸得福，你好好想想吧。"

方国珍收到朱元璋的信，竟然不打开看。

朱元璋又再次写信劝说："福基于至诚之心，祸生于反复无常。隗嚣、公孙述两人就可作为前车之鉴。大军一出，就不再是用空话可以解救的了。"

方国珍不听臣下丘楠劝告，一边日夜运送珍宝，修造船只，为避走海上做准备，一边对朱元璋声称："俟克杭州，即纳土。"

等到朱元璋大兵克杭州，方国珍依旧自据如故，而且屡次假托贡献，实觇虚实，甚至北通扩廓帖木儿，南交陈友定，企图互为犄角。

于是就在上个月，朱元璋拿下平江后，命参政朱亮祖进攻台州。

方国珍的弟弟方国瑛迎战不敌，大败逃走。朱亮祖进而攻克温州。

征南将军汤和率大军长驱直入抵达庆元，拿下方国珍全部陆上势力范围后，方国珍率部逃亡入海，又被追兵在盘屿打败，其部将相继投降。

汤和多次派人向方国珍说明顺从与抗拒的不同后果，方国珍这才派儿子奉表乞降。

说到这里，方国珍不由得冷汗淋漓："终是臣卑鄙曲委，形同蝼蚁，不劳吾王一指加之。"

"不是。"朱元璋笑道："是我听说过你的一个故事。"

方国珍小心问道："未知何事，敢辱吾王清听。"

朱元璋说道："你同县的章子善，在你取下温、台、庆元三郡后，曾经游说过你：'足下奋袂一呼，千百之舟、数十万之众，可立而待。溯江而上，则南北中绝，擅馈运之粟；舟师四出，则青、徐、辽海、广、瓯、越可传檄而定。审能行此，人心有所属，而伯业可成也。'

"而你回答他：'君言诚是，然智谋之士不为祸始，不为福先。朝廷虽无道，犹可以延岁月；豪杰虽并起，势均力敌。然且莫适为主，保境安民以俟真人之出，斯吾志也。愿君勿复言。'

"由此可见你的志向。"

说完叹息道："国珍手下，终究还是有人才啊。那道降表，何人所作？"

朱元璋本来对方国珍的反复感到异常愤怒，等到见到降表，"词辨而恭"，尤其是其中引用了论语"小杖受，大杖走"的典故。

这是将两人的关系比喻成君父臣子之情。论语你孔夫子说过父打子，小打就受着，大打的话，做儿子的要逃跑，否则死在父亲手里，那就会让父亲沾上不慈之名，反而是不孝。

比喻得恰如其分，同时也是提醒朱元璋，天下未平，名声很重要。

知道方国珍本人并没有什么大志向，朱元璋"不免怜之"，于是对臣下说道："孰谓方氏无人耶？"

再次给方国珍去信："你违背我的告诫，不马上收手归命，反而流入海上，负恩实在太多。今天你已走投无路，又情词恳切，我理当以你此诚为诚，不以前过为过，你不要自起疑心。"

要他赶紧前来，不可再误。

这一次，方国珍终于决心投顺。

方国珍躬身道："未敢隐瞒吾王，表为臣幕府詹鼎所草。"

两人的话题渐渐过渡到家常，朱元璋打听了一些浙中风物后，突然问道："听闻你未达之时，有天早上诣南塘戴氏家借大桅木造船。戴家是世宦之家，家中有官厅。你在厅中等待的时候，戴家的主人尚在睡觉，梦见官厅廊柱有黑龙盘绕，屋为震撼，惊寤后发觉是你在那里，于是结成通家之好？"

方国珍赶紧躬身："臣家台州黄岩，世代以佃农，海上贩盐为业而已。

"大元至正八年，老家有人在海上抢劫，臣的仇家诬告臣家通匪，元廷听信谗言，遣人捉拿。

"臣当时便与家人商量：'朝廷失政，统兵玩寇，区区小丑不

能平，天下乱自此始。今酷吏籍之为虐，祸及良民。吾若束手就毙，一家枉作泉下鬼，不若入海为得计耳。'

"一家人都乐意听从，于是臣才去了戴家，求得些木头。打造了一艘海船。

"之后逃入海中，招纳流亡，不弥月而得数千饥饿之众。大家一商议，干脆，劫夺元朝海运皇粮，先顾眼前的活路再说！"

"哪里是什么黑龙绕柱，分明饿鬼投胎！为了妻儿兄弟一口吃的，不得不铤而走险罢了。"

朱元璋点了点头，喟然道："官逼民反，当年我受的苦楚，也不亚于国珍你啊……"

"所以元朝就该亡！"方国珍愤然道："臣的家乡浙东有段民谣：'天高皇帝远，民少相公多；一日三遍打，不反待如何！'"

"哈哈哈！"朱元璋不禁开声大笑："果真是如此，可不得反她娘的！"

方国珍说道："后来臣侥幸得了三郡，拉起了海船队伍，上高丽，下南洋，通商贸易。

"因为用绿漆涂抹船体，故称为'台州绿壳'。混得个'海精'的诨名。

"嗯，浙东舟师，早有耳闻。"

"也不是什么好名声。"方国珍赧然道："刚刚过城门，臣还听见上头有人骂。"

朱元璋摆摆手："都过去了，如今江南悉平，吾志欲北伐，驱除鞑虏，恢复中华。

"浙东赖国珍保全，二十年内未罹兵燹，好歹也是为华夏保存了一方乐土啊。"

方国珍当即拱手："大军北上，当以粮秣为先，水陆并发，走运河是最佳路线。

"臣虽朽钝，然浙东尚有卒九千二百，舟师一万四千三百，海

舟四百二十艘，江舟千余，粮年出一十五万一千九百石。

"当年愧事戎僚，元廷年年逼迫浙东发运粮秣，那条水路，我浙东百姓熟悉，足供驱使，助吾王克成大业！"

"好！"朱元璋心神大快："如此吾无忧矣！"

君臣一番问对，倒是其乐融融，待到方国珍请退之时，朱元璋意味深长地问道："听闻君离郡之时，命故里黄岩县沿街廊柱，易圆为方，涂成黑漆，却是为何啊？"

方国珍躬身答道："故里百姓，喜用香樟作柱，以朱漆涂之，以为门第夸显。"

"如今三郡入吾王府图，此等作为，自当严禁，因为……这个……臣以为冒犯了吾王尊讳。"

朱元璋不由得一愣，待到醒悟过来，不由得乐得前仰后合："国珍呀国珍，你这可是小心得过头了！"

红色涂抹的香樟柱子，就是"朱圆樟"，要较真起来，当真是犯了朱元璋的忌讳。

等到方国珍告退，臣下上前："王上，看来方国珍还是恭顺的。连沿街的柱子都想到了。"

朱元璋看着方国珍走向宫门的背影："方国珍虽然首鼠犹疑，难成大事，但是他在浙东保境安民，轻徭薄敛，做下来三件大事：兴学堂、筑堤塘、造桥梁。

"百姓安居乐业，相比中原丧乱，浙东可谓天堂。

"我容他非为恭顺，却是为了这一点爱民之心。"

臣下立即躬身："王上圣明。"

出得宫门，方国珍方才抬起头，望向南京城上空往南飞的鸿雁。

家乡终究回不去了，不过首领家小，算是得保。

只是不知数百年后，天下人造访家乡，见到路桥镇那十里长街边上的方形廊柱，父老们会告诉他们，这是替朱重八避讳呢？还是会告诉他们，这里曾经出过一个姓方的古人呢？

长街故事

蝴蝶渚与涌金桥的传说

○ 王艳阳 整理

　　在路桥中盛城市广场地下停车场入口处，人们可以看到一株古老的大樟树。从前，这里叫"围水里"。

　　因为原先的樟树是种在河边的，这条河是南官河的一条支流，从三桥处分流而来，开始支流很小，像山间的溪涧。及至蜿蜒穿过青石小桥，流到王家处，水面开始变得越来越开阔。放眼看去，犹如平坦的大湖。每到枯水期，总有几块狭长的河床露出来，上面长有丰盛的水草或一些野花，有如小岛矗立在水中央，春夏之季，色彩斑斓的蝴蝶便蜂拥而至，停落在摇曳的各种植物上。因水中有小块平地，称为渚，所以当地人就给它取了个诗意的名字，叫作"蝴蝶渚"。"蝴蝶渚"过来，水面越来越窄，又似缩成一条溪流。通过一道狭窄的小闸，它的上面平铺一块狭窄的石板，人称"小桥头"，支流过了小桥头，马上水位渐深渐阔，向前几十米就回到了"围水里"。

　　说到"蝴蝶渚"，不得不提起"涌金桥"。涌金桥

位于路桥区路桥街道古街社区，不知何年始建，现存桥梁只知道是清同治十年（1871）重建的。该桥为叠梁式，东西走向，横跨南官河，题额涌金桥，该建筑整体构造牢固，历史风貌保留较好，具有较高的艺术价值。

涌金桥其实就是路桥人口中常说的三桥，从邮亭的福星桥算起，从北向南依次排序，中镇桥为二桥，涌金桥就是三桥了。

旧时的路桥，一条十里长街横贯南北，南官河绵延在侧，主街与副路之间常有各式石板桥连接。涌金桥就是其中一座东西走向，横跨南官河的石桥。但是在那个交通不便、科技不发达的年代，造这样一座石桥也是一项艰巨的费时费力费财的大工程。

都说巧妇难为无米之炊。造桥首先得集资，其次才能买材料，找人工，历经数年，才能竣工。据说造桥之初，集资的款项有许多是挨家挨户凑集而来的，大户人家可能捐出金银元宝，小户百姓碎银铜钿，也有些家境普通的女子，摘下银手镯、耳环、戒指来助捐。

工匠们日夜辛劳，几年后，三桥终于建成，它的两端以条石交叉砌筑，桥面以六块条石铺砌，两面各设五块栏板，引桥的栏板装饰着双狮香草如意纹，寓意吉祥如意。石柱上刻有覆莲，曲折蜿蜒。柱头则雕刻着各具形态的狮像，威武神似。虽然这座桥全长只有14.8米、净跨10米、宽1.6米、高3.85米，但在当时，也算是一座规模不小的工程了。直至今日，还能看到正中栏板上题写有"涌金桥"三个字。

许多人不知道涌金桥的名称来历，为何要取涌金二字呢？有人说当时这里市集长盛，做生意人都想要留财，找了个读书人，认为涌金二字更有雅韵；也有人说旧时南官河被人为地在这里截流转了一个弯，要的就是把路桥的财气留住，所以称之涌金。其实民间还流传着另外一段传奇的故事呢。

清朝末年的一个夏季，路桥大旱，水位持续下降，有几处河

床都露出来了。三桥底下也露出了一截。说也奇怪，这一年，往年飞往蝴蝶渚的蝴蝶纷纷集中到这里。前蔡有户人家三兄弟下河床一边玩耍，一边追逐蝴蝶。

"你们看，这是什么呀？"在靠近桥桩的地方，最小的孩子蔡仁奇指着河床问。两个哥哥马上好奇地围了过来。大哥蔡仁勇朝小弟手指的地方摸去，再重复重重地摩擦几下，一个雕着图案的金属盖子渐渐出现在他们面前。二弟蔡仁良从旁边捡来一片薄石片，挖去旁边的泥土。他们发现了一个深陷在干燥泥地里的一个方形金属盒子。他们好奇地将整个盒子挖出来，盒子脏兮兮的，很沉，谁也打不开。

兄弟们把盒子带回了家。他的父亲蔡平元是个老实忠厚的农民，平时也做些木工、瓦匠贴补家用。蔡平元用尽全身力气打开一看，顿时吃了一惊：这里面竟盛着两锭金元宝。只见盒子上还刻着几个字："募捐造桥，留有余金，灾年救民，贫困共享，莫作他用，免遭报应。"

蔡平元虽不知此盒为何人所留，不过见到刻字，也猜出这两锭金元宝的来历了。应该就是当年修建三桥时众人筹集结余的。他暗暗佩服埋盒之人，是啊，只有灾年河床才有可能裸露在外，盒子才能被发现作为灾年救急呀。

"这是救民的钱呐，可耽误不得。"蔡平元撇下三个儿子，急匆匆地就赶着乡里上交乡长。

没想到这个乡长是个贪得无厌的家伙。一见到金属盒子里的金元宝，马上两眼放光。他表面不动声色，心里早有了另一番盘算。把蔡平云打发走后，他又把盒子打开来，掂了掂那沉甸甸金灿灿的金子，不由得自言自语："哈哈！真是祖上积德呀，这两锭金元宝岂不就是天上掉馅饼。我且自留一个，另一个明日去县衙当作我孝敬县官老爷，让官老爷给我那傻儿子在衙门里谋个差事，我也就不愁他日后没着落了。"

乡长主意已定，暗暗为自己的打算高兴。

第二天一早，他从盒子里取出一锭金元宝，马不停蹄地往县城赶。每次乡长进城拜访县官，总少不了带些礼物去孝敬。这次县官一听乡长来了，马上传他来见。几句客套寒暄后，乡长将藏于袖笼的这锭金元宝毕恭毕敬地献了上去："大人呀，这么些年我一直忠心耿耿地追随于你，我不求别的，只是如今我家儿子年已二十，还未成家立业，只求大人能施舍个位置在衙门里混口饭吃。我也老有所依呀。"县官虽也知道他有个呆儿子，但也禁不住金元宝黄灿灿的诱惑呀，于是想，不就随便给他安排个闲差使吗，这有何难？于是眯着眼睛，一口就答应下来了。

乡长乐颠颠地回了家，想着不久儿子就可以去县衙应差，心情畅快极了。一回家，就把这个好消息告诉媳妇："快炒几个好菜来，今晚我要开开心心地喝个爽！"拿起家中的陈年佳酿，倒入大碗，咕噜咕噜喝起酒来，一边喝酒，一边兴奋地哼起小曲。一瓶、两瓶……直至他跟跟跄跄趴在桌上昏睡过去，酒瓶子摔了一地。第二天，第三天，乡长依然是未清醒的酒鬼，从此跌跌撞撞，胡言乱语，疯疯癫癫。比他那可怜的傻儿子还要呆上一倍。

再说那个收受贿赂的县官，从此感觉每日头昏脑涨，昏昏欲睡，一开始以为受了风寒，前前后后请了几拨大夫都不见起色，而且一日重似一日，半个月左右，就已瘦得不见人形，连下床都没力气。无奈，只得贴告示，重金寻找良医。终有一日，有一位来自路桥关帝庙的和尚揭贴为县官看病，他一边搭脉一边说："大人，你这病有些蹊跷，能否告知我，近来可有不寻常之事发生。不管好的坏的，一定要仔细说来，我才好为你解救？"县官于是把乡长送金元宝一事和盘托出。

"你且把金元宝拿出来我看下"。只见和尚拿起元宝放在鼻前一闻，说道："这个金元宝不同一般，应是从水底找出的，本应有两只，送你之人可能自己也留有一只，这是造三桥时筹资有余

而留下的，为救灾民所用，当年受了我师傅的咒语，若有人贪心据为己有，必有祸。如今你只要拿这两锭金元宝全部买成救济粮，分给灾民，你的病才可有救。"

原来这个金元宝就是当年和尚遵师命亲手埋的，埋入前，他的师傅还特意在金元宝上涂上异域香料，据说此香料是用特殊花粉提炼而制，普通人辨别不出，而蝴蝶却极其爱它。县官起初还半信半疑，直至下人告知乡长也已成疯癫状，这才相信。立即派人去乡长家搜出刻字的金盒。至此，前因后果都已见分晓了。

因为金元宝是从三桥下显露的，因而三桥又被人们称为涌金桥。据传，那桥上的"涌金桥"三个字还是和尚后来题写的。如今，蝴蝶渚至涌金桥一片已建成路桥最繁华的商业综合体——中盛城市广场，更给涌金桥添了一笔财富魅力。

牌前地名的来历

○ 王艳阳 整理

　　路桥十里长街有个很有名的地名叫牌前，附近有许多地名，如话月（卖肉）巷、鸭子巷、羊巷。大都是与各种卖吃的有关，唯独牌前例外。清代，这里面临大街曾竖有一道石砌牌坊，造势巍峨，雕刻精美。看到这里，可能读者会恍然大悟，原来牌前的意思直白得很，就是在牌坊前面。

　　牌坊是极富中国特色建筑文化的，是封建社会皇帝为表彰功勋、科第、德政以及忠孝节义所立的建筑物。古代竖立牌坊有旌表德行，承沐后恩，流芳百世之举。在当时可谓是一种兼具个人人生追求、家族荣誉的表率象征。这座牌坊是为路桥蔡元鼎的妻子余氏所立的节孝坊。

　　美丽的牌坊承载着美丽的传说，关于这座牌坊，民间还流传着一段节孝励志的故事。

　　清朝康熙年间，路桥十里长街商贸繁荣，商铺林立。河街相邻，水陆平行。"路上店，桥上市"好不

热闹。长街两边延伸许多几透几进的大户人家。有谢家里、郑家里、刘家里等。蔡氏是当时路桥的一个大姓，三桥附近就住着一户望族蔡姓人家，户主名叫蔡元鼎，他承继祖上经营南北货，临街一面开设店铺，内为宅院。蔡家院落为一进的四合院，台门、天井、正厅及厢房组成。正厅与厢房以回廊贯通。灰雕屋脊、镂花门窗、圆鼓石拙、颇显气派。他虽然生在富足人家，倒是做事勤快，待人和气，没有沾染一丁点儿纨绔子弟的习气。不幸的是结婚没几年，与他举案齐眉的妻子戚氏生下一个儿子跃龙，就因难产而离世了。蔡元鼎为人谦逊又家境富足，上门提亲的人自然络绎不绝。

蔡元鼎对前妻感情颇深，本无意续弦，但上有双亲，下有幼子，一个人实在无力照看。禁不住父母声泪俱下、三番五次地宽慰劝解，于是只得对媒婆说："我再找的妻子，别的暂且不谈，最主要的是要有眼缘，人要踏实、贤惠。首先要真心对我的儿子、父母好，其次要善于持家理家。"

虽然媒婆跑断了腿，说了一个又一个姑娘，可没一个能入得了蔡元鼎的眼。

几个月后，媒婆带来了一个清秀脱俗、知书达理的姑娘，笑眯眯地说："这位姑娘姓余，名玉音。音姑娘心灵手巧，一双巧手绣什么像什么，更重要的是温柔善良，家务事样样在行，对父母又孝顺，家里兄弟姐妹虽然多，不过一家人和和睦睦，街坊邻居人人夸赞，都讲谁人讨去做老婆真是天大的福气。你看如何？"

都说缘分一到拦也拦不住，这一次，蔡元鼎一眼就看中了，于是没过多久两人就成了亲。

余玉音天生丽质，温良贤惠。嫁入蔡家后，果然不同一般，上得厅堂，入得厨房，孝敬公婆，善待继子。老话说：人待人，心比心。蔡元鼎的父母也替儿子高兴，整日逢人便夸，把她当成宝贝女儿疼，跃龙从小由玉音带，自然而然地整天腻着她。也将她当亲生母亲看待。夫妻俩夫唱妇随，一个在前店做生意，一个

在后院操持家务，一家人也过得和和睦睦，幸福无比。

时间一晃又是三年过去了，谁知，天有不测风云。这一年秋季，蔡元鼎跟着商队去北方收购红枣，不幸被当地人传染得了肺痨，回家后每日咳嗽、潮热、盗汗，身体逐渐消瘦。旧时这可是重病。余玉音忧心忡忡，尽心尽力服侍照料，到处寻医问药，求神拜佛。蔡元鼎原本身体底子就薄，到了最后，卧床不起，大口吐血，滴水不进。

蔡元鼎握着妻子的手说："我这是痨病，救不了的，你不要再为我奔忙了。""只要有一线希望就不能放弃。"玉音不辞辛劳访遍了周边的名医，家底越掏越空，还是没能治好丈夫的病，只得眼睁睁地看着他离去。她泣不成声，真想陪伴丈夫同赴黄泉路，可是现实不容她逃避，上有两老，下有一小，她只好将失去丈夫的巨大悲痛压在心底。他们在，就等于是丈夫还在。

余玉音这年仅二十五岁，有些个曾想把女儿嫁给元鼎的街坊邻居幸灾乐祸，凑在一起嚼起舌根："蔡家太不吉祥，几年之间，接连不断生病死人，接下来指不定又会轮到哪个？""这个女人说不定就是个扫帚星，你看，元鼎前妻一走，她马上后脚就踏进来了。才几年呀，元鼎也走了。"

虽说私下议论，但隔墙有耳，余玉音娘家人听到这些小道传言，准备把她接回。她母亲一把鼻涕一把泪地劝慰道："女儿啊，你还年轻，不要死守着蔡家这间凶宅。往后的日子还长着呢。趁自己还没有孩子，不如另找一户人家嫁人吧。不然你以后在这里怎么过呀……"

"娘啊！我不能跟你走，元鼎走了，这一家老的老，小的小，都指着谁生活呢？如果我再一走，那他们怎么办呀。"望着日渐衰落的家庭，她把继子跃龙紧紧地搂在怀里，仿佛一松手就会永远失去一样。

在丈夫出殡的那一天，余玉音抱着孩子跪在丈夫棺木前发誓，今生今世，她不再嫁人，要一门心思地照顾好老人和孩子，并且

一定要教育好跃龙，让他出人头地。

于是，在安葬好丈夫后，玉音不得不一个人扛起全家的大小事务。重新张罗开起了南北货店，并在后院开畦种菜，饲养家禽，纺线织布，上面照顾老人，下面供孩子上学……

蔡家的两位老人年岁渐高，身体欠佳，余氏常常刚刚照顾好这位，接着又要忙着为另一位请医看病。

蔡元鼎有个堂弟叫蔡庆丰，平日里游手好闲，混迹于酒楼赌局。有一日他又是手痒痒，想去搓麻将赌运气。摸摸口袋，可惜干瘪无钱。"哎，现在家里管得紧，口袋里一个铜钿眼都没了。以前堂哥在时，还能救济我些，现在一个铜板都借不到，忖忖人都气死。"他叹了一口气："瘦死的骆驼比马大，如果把玉音娶到手，元鼎的家产岂不是有我的份。"他独自越想越美。

几日后，一个媒婆找到余氏："玉音啊，看你上要照顾老的，下要照顾小的，人都瘦一圈了。身边没一个男人，什么事都得自己一个人担着，真是苦啊。现在庆丰看上你了，你们本是亲戚，他来照顾老人肯定当父母孝敬的，照顾侄儿肯定也是当儿子养的。长相又好，人又年轻，你真是有福了。"

玉音一听，沉着脸说："且不说蔡庆丰游手好闲，就是一个十全十美的人讲给我，我也不要。我早在元鼎的棺木前发过誓，今生再也不嫁。说媒一事你就不要再跟我提起了。"媒婆碰了一鼻子灰，悻悻地走了，蔡庆丰却从此视她为眼中钉，肉中刺。常常挑动族人说她的不是。

余玉音知道了也不恼，由他们搬弄是非，自己只管起早贪黑，尽心尽力，勤劳持家。

跃龙小时，非常淘气，每次吃饭，总不能规规矩矩地坐着，而是满院子到处窜。余氏无奈，只得夹好菜蔬，捧着饭碗，跟在他后面跑，趁他停歇一下，喂他一口。一顿饭常会花上半小时之久。

及至上学，无论风里雨里，玉音必每日接送。有一日，她去

私塾接跃龙回家，半路上来到馒头店前，她停了下来，叮嘱跃龙说："爷爷奶奶牙齿不好，娘进去买几只松软的馒头，你先站在店门外别动。"跃龙点了点头，没想到这家店生意实在好，一锅蒸出一锅就抢完了。跃龙见玉音迟迟没回，独自转身去了后门水埠头玩水，不想脚下一滑，跌落水中。等玉音扭头听到求救声，孩子已冲进了水中央。玉音一急，也不管自己没游过水，抓起店里的一只木制大锅盖径直跳了下去，所幸水浅，将跃龙搭着木盖救了回来。

从此，跃龙顽皮性格改了不少。玉音教导孩子有一套自己的方法，谆谆善诱、耐心鼓励。她平时详询先生每日功课，常以囊萤映雪、闻鸡起舞的小故事，教育孩子认真读书。跃龙自觉性越来越强，有时看书至深夜，玉音就在身边陪着做女红，只怕孩子饿了，好及时给他做宵夜。

功夫不负有心人，继子跃龙最终没有辜负余氏的期望，课子成名。跃龙取得功名后，娶妻生子，蔡氏家族又逐渐兴旺起来。余氏终身守节，含辛茹苦带养操劳，尽心服侍两位老人及至过世。因为长年为整个家族奔波忙碌，积劳成疾，四十八岁就去世了。以前那些嚼舌根的邻居、族人都被余氏洁身守寡、无怨无悔操劳蔡家半辈子所感动，她的故事被人们广为传颂。

康熙四十八年，由浙江总督、巡抚、学台三大宪奏报朝廷，请求旌表。朝廷念余氏"年青守志、白首全贞"，确属封建社会完美之人。于是，康熙五十年钦旌节孝，并且拨款建坊。据老辈人回忆，这座"节孝"石坊底层是石墩，中间是高大的石柱，上方有白玉牌匾。坊上有钦命浙江提刑按察司、分巡宁绍台道佥事霍于京的题额《又有祥开》，下注"玉音"二字，坊下还有两个精巧的石狮，为神手名匠胡雷明所造。整体牌坊造型气势恢宏伟岸，雕刻精美卓绝。

过去当官者行至牌坊之前，有文官下轿，武官下马的规矩，以示对余氏传统美德的尊重。可惜"文化大革命"时牌坊已被摧毁，已难再见，只留下牌前这一地名以作纪念。

长街故事

路桥船的故事

○ 陈步清 整理

路桥有条十里长街，从磨石桥往南，变成了单边街。在磨石桥与下里桥之间，有一座傍街沿河而建的路廊，旁边有个快船埠头。自清末民初以来，每逢农历三八路桥集市日，站在街沿边的石板路望去，南官河里舟楫云集，有从黄岩县城、海门、温岭及各乡镇前来赶市的，有从各地往返路桥运送客货的 50 余艘船只，还有来自天台、仙居的长船、小河头的航船、金清港的快船不计其数，一时间将这水埠头挤得水泄不通。清宋世荦写有一首《路桥船》的诗，生动描绘了当时从海边码头运送小海鲜至路桥的情景：

一回潮上一回鲜，紫蛤花蚶不计钱，
泼剌黄鱼长尺半，如飞摇到路桥船。

路桥船，到底是一条什么形状的船？展现在我们面前这样的一幅画面，从金清港飞驰而来的快船，满

载着刚刚捕捞上岸、活蹦乱跳的海鲜，这是十里长街人人喜爱的"金清小网海鲜"。台州湾濒临东海，盛产海鲜，除了便宜到可以白送的紫蛤花蚶，在过去还出产一种野生的泼剌黄鱼，这首诗即使今天读来依然活灵活现，不断地诱惑着我们的舌尖。关于诗中提到的路桥船，传说是由一个老翁建造的，其中还蕴藏着一段不为人知的故事。

晚清年间，路桥有位姓官的老人，家住磨石桥附近，他为人忠厚老实，平日古道热肠，经常做些行善积德的好事，人称老倌公。磨石桥处在十里长街上，有一条长河打这里经过，这河名叫南官河，周边河网发达，又紧挨一个快船埠头，平常船来人往，非常热闹。老倌公空闲的时候，会撑一个小菱桶，在河道的边角上张张网，捞一些鱼虾养家。他还有个相依为命的孙女阿娇，日子过得平静又踏实。

有一天，这位官姓的阿公突然做了个怪梦。梦中有位叫河神的仙人跟他说，看在每日与他打交道的份上，特地以托梦的方式通知他，这里很快就要发洪水了，让他赶紧造条大船，大水来的时候好带着家人逃命。

老倌公醒来后觉得很离奇，也没将它当回事。可是梦里的情景太真实了，他跟孙女阿娇提过此事，阿娇安慰他别是劳神了，所以想得太多，但他思来想去总觉得哪里不对，在不久之后又不得不开始信了。于是他计划开始造船，路桥原本都是平原和水乡，有水的地方就是小河浃和池塘，就拿十里长街边上的南官河来说吧，根本就用不上梦里所说的那种船只。

这个梦日夜折磨着老倌公，他信步来到街一边水一边的下里路廊。从前的台州府有六县，人们都要坐船来十里长街赶集，这里帆樯云集，停满了各种运送货物的猪槽船和小汽船。船埠头有南来北往的撑船老大，他们见多识广，老倌公将自己的梦境告诉人们，希望他们给自己出谋划策，看看能否造出一条这样的船来，

未雨绸缪，以防不测。

　　船老大听了后，觉得老倌公在说天方夜谭，这晴天烈日的，哪来的洪水，就差没有开口骂他了。这时候有好心人耐心地劝导他，还有幸灾乐祸地当面嘲笑他，也有的人觉得老倌公肯定是老糊涂了，竟然无缘无故地想到造大船。

　　回到家里，经过一番思想斗争，老倌公决定不顾讥讽，开始四处拜师，寻访有造船手艺的师傅。他告别了孙女阿娇，独自一人来到了金清下塘港，但这里造的都是捕鱼的渔船，或者出海的轮船，再者就是不伦不类的小舢板，根本没有与老倌公船型对得上号的。老倌公转了一家又一家，不住地摇头叹气，就在他绝望透顶的时候，有个绰号"小鲁班"的人叫住了他，老倌公向他说明了来意，他说可以帮助老倌公造出需要的船型。

　　自清廷实行海禁以来，"小鲁班"祖传的造船手艺毫无用武之地，几乎快要从他的手上消失了。他的祖上，在明朝的时候曾帮助朝廷造过大船，那是造郑和下西洋的官船，造好以后那些船样就被朝廷销毁了，他的祖父当年冒死偷偷藏了一套图纸，不过对他来说也无大用，想不到今天还能派上用处，所以"小鲁班"欣然答应了。

　　老倌公大喜过望，当下就将"小鲁班"带到家里，一切准备妥当，开始日夜不停地造船，他们足足花了半年多工夫，才造出了两只木船。一只作母船，另一只作子船，母船长十尺、宽五尺，子船略小。只见那木船浑身雪白如银，光亮透彻宛如水晶破浪，船身轻巧又如荷花之瓣。此外，他还用一根修长的细木做成一根二丈长的船桨。"小鲁班"说，这船的奇妙之处在于木船虽然厚重，但在水中却来去如风，它有海船的坚固稳定，又具备内河航行的操控性，其特点是轻快灵活；载人多时它变大，载人少时它变小，无论载多少人或多重的东西，它都不会下沉，犹如莲瓣在迎风戏浪。

　　心心念念的船已造好，眼见着天气晴朗，十多天都不见下雨，

邻居们就开始用鲻鱼头话激他："老倌公，赶快搬家吧，赶紧搬到靠近东海的金清闸，或者搬到下里桥的快船埠头去，要不你那船该发霉了。"

"我就说嘛，这船造起来多可惜呀！哈哈哈……"另一个不失时机地插上一句。老倌公听这话说得刺耳，他假装一副毫不在意的样子，只弱弱地回了一句："有备无患吧！"

在老倌公造船后的两个月里，每天阳光普照，天空澄碧透明，风平浪静，天气出奇的好。可就在某一个午后，天空不经意飘起了一阵小雨，这雨一下就下了一整天，街坊邻居也不大在乎，毕竟下雨没什么稀奇的。但这雨竟然一直下个不停，而且越下越大，一个月的时间里，整个长街就被泡在水里了。有一个邻居抱怨道："这鬼天气反复无常，要么大太阳将人晒死，要么下大雨将人淹死。"

他的话音刚落，忽然一阵狂风吹过，面前闪出一道白光，紧接着传来"轰隆"声，一声接一声的巨响，刹那间乌云压顶，山崩地裂，尘土飞扬，泥浪与水雾交织成的帷幕，在十里长街上空徐徐拉开。老倌公揉了揉眼睛，只见前面摆着一道亮光如同白昼，在这光亮之处，他看见河神正带着一群虾兵蟹将横冲直撞、东奔西突，他不知道这群神仙到底在和谁打架。

就在这天深夜，从石浜山突然刮起了狂风暴雨，一场破天荒的天灾正在来临，南官河上游山洪暴发，大人尖被雷公劈倒，小人尖的大树悉数烧焦。老倌公知道大事不妙，便立即坐上那只母船飞腾而起，船在半空滑翔一会，他瞄准机会将船落在南官河上。东海龙王见了他，以为遇到送上口的猎物，立即张牙舞爪地扑了过来，老倌公被吓坏了，他和孙女阿娇两人战风斗浪，一个摇橹一个把舵，不顾一切地遁水而走。

祖孙俩驾船一路驶来，看到有的人爬到屋顶上，有的人爬在大树上，哭喊声、哀号声响彻一片。老倌公看在眼里急在心里，他放下小船让阿娇将乡亲们接过来，坐上大船以后再运送到安全

的地方。阿娇冒着大风大浪救人，接了一趟又一趟，人累得精疲力尽。老倌公在大船上看得心疼，但又不想错过救人的机会，他就站在船头上指挥："阿娇，往卖芝桥划，我们装满大船，再去岳庙里。""阿娇，你小心点噢，我跟你后面一路划到福星桥。"这一幕，让那些被救到船上、曾经嘲讽过他的邻居们羞愧难当。

没过多时，又见白光闪闪，一声霹雳巨响，原来船身扫在海龙王的身上，船篙当即断作两截，海龙王剧痛难忍，就拖着船的缆绳飞窜逃命。老倌公将拿在手中的半截竹篙向东海龙王掷去，海龙王受了惊吓，就放了船只逃走了。洪水退后，那母船在悬空的山崖停了半炷香的时间，因没有了船篙，便徐徐落下，后来就停在石浜山的老人尖上（为纪念老倌公）。那子船漂落到洋屿山附近，它搁浅的地方后来叫作"船（泉）井"，后来又流落到下塘港，被人用来运输海货。

老倌公救出了一批灾民，另一批人被大水冲走了，被救的人中有些失去了亲人，纷纷指责老倌公的不是，有人恨不得吃了他。老倌公听了那些话，心里难过极了，他是因为自己没有救出所有人而难过。可是老倌公越是低眉顺眼，越引起了那些人的愤怒，有个年轻人失去了妻儿，恨不得手刃了老倌公才解恨，有人对着老倌公一顿大骂，气愤之下还想毁了他的大船。

老倌公的孙女阿娇气恼不已，立马就拉起爷爷的手冲出了人群，头也不回地解开缆绳跳上船帮。临走时她哭着说了一句："你们活该被淹，早就劝你们造船，若不是爷爷的船，你们全都淹死了，怎么还好意思来责怪我爷爷！"老倌公沉默不语，眼中的哀伤却很明显，他对着孙女摇了摇头，神情落寞地摇船走了。

被救的人们这才回过神来，他们跪在地上求老倌公别走，可他的身影早已消失在茫茫的水天间。老倌公走后留下了一条小船，人们喜欢这船的便利快捷，纷纷按照它的样子仿造，老百姓不知道这船叫什么名字，他们只知道老倌公生活在路桥，便亲切地将

它称为"路桥船"。

当人们感激老倌公造出的路桥船，给人带来种种好处的时候，自此以后再也没有人见到过他，总之谁也不知道他去了哪里！有人说在长街的官河里看见过张网的渔夫，看着挺像老倌公；有人说他摇着心爱的船儿去了东海，那里有他想柯的泼刺黄鱼……

卖芝桥桥名来历

○ 徐吉鸿 整理

卖芝桥位于十里长街的心脏部位，桥两侧商铺林立，桥面上小摊紧挨，商贩云集，传说以前是卖小猪的，叫卖彘桥，"彘"在古代是常用字，就是猪的意思。而在方言中这个"彘"字这么写的，一直到现在，关东一带，所有的猪还称作"彘"。

那卖芝桥原名"卖猪桥"，为什么现在叫"卖芝桥"呢！这里面还有一个神奇的报恩故事呢。

很久以前，石碲（石浜）山脚下住着夫妻二人，以养猪为业。待种猪生下小猪，夫妻二人便到卖猪桥去卖猪。妻子李氏贤惠淑良，只是无有一男半女，眼看着都将年过半百，这也成了夫妻俩的一桩心病。说起这李氏不生育则是因为一次小产时，被冷风穿过墙缝吹后落下的病，治不断根，每一年的初秋季节，都会复发。丈夫郑正每年都要去山上采一种芝草给她服用。

这一年的初秋，李氏的病又犯了，郑正赶紧上山

去采药，当他背着药篓刚要回来时，一头小野猪慌张地跑到他面前，眼泪汪汪地看着郏正，野猪身上还插着一把箭，看来这是一头被猎人射伤逃脱的野猪，郏正顿生恻隐之心，他看看小野猪的伤口，幸而箭射得不深，他拔出箭，拿了刚采的芝草捣烂，给小野猪敷上，边敷边自言自语：一下子不一定好得了呢，这得敷上几天呢。说也奇怪，这几天，这小野猪似乎听得懂郏正的话，每天都在这地方等着郏正给他敷药，这样一连几天下来，小野猪的伤口已经痊愈了。

郏正除了忙着养猪、卖猪，就是去采药。但令人欣喜的是，久未怀孕的妻子李氏竟然怀孕了，并且一切顺利，在春天生下了一个女孩儿，老来得女的夫妻俩真是视如掌上明珠，女孩芝儿很快出落成一个亭亭玉立的大姑娘。帮着父母养猪、卖猪，由于郏正家的小猪质量好，价格又公道，生意特别的好，尤其是芝儿姑娘肤白、貌美、嘴甜，俨然卖猪桥头一道亮丽的风景线。

天有不测风云，这一年年成不好，台风接二连三，洪涝灾害导致各地瘟疫流行，可怕的猪瘟发生了，眼看着猪栏里的猪蔫巴巴地一头头倒下去，郏正一筹莫展。这猪瘟蔓延得非常快，很多养猪的农家几年的辛苦都白费了，老百姓束手无策，哭天喊地，一副惨不忍睹的景象。卖猪桥头再也没有了往日的喧嚣繁华。

这芝儿姑娘看着父亲都急得卧病在床了，母亲本来就身体不好，周围的乡亲们这样，也都是无可奈何。她每天去普泽寺求神拜佛，祈求老天保佑灾情尽快过去，父母和乡亲们能够重返健康快乐的状态。

这一天，芝儿姑娘又去上香拜佛，由于连日的奔走，她累得趴在佛龛下面睡着了，然后做了一个奇怪的梦：一位老仙翁告诉她若要除瘟，除非她用身上头发，加入草药之中熬制成汤，让病猪喝下。

芝儿梦醒之后胆战心惊，"身体发肤，受之父母"。在古代，

长街故事

女孩儿的头发岂可随便剪掉。拿剪刀剪自己的头发，这怎么下得了手？但是看看周遭惨象，芝儿还是举起剪刀，奇迹发生了——剪了的头发几秒钟就长出来了，并且跟没剪一样，甚至更黑更亮。

芝儿喜出望外，赶紧拿自己的头发去和草药一起煎汤，然后喂自家病猪喝下，果然如梦中仙翁所说一样，病恹恹的小猪们一个个药到病除，恢复了往日的精气神。

芝儿把加了自己头发的草药拿到卖猪桥头去，大家一开始将信将疑，但有一两个试过以后确实有效，各家都纷纷向芝儿求药，猪瘟很快好了。乡亲们都视芝儿为救苦救难的活菩萨。

芝儿的芳名很快传遍四方。这地方上有一个恶霸，不学无术。早就对美貌的芝儿垂涎三尺，芝儿又有这个神奇的草药，就想把芝儿和药方都霸为己有。他在桥头拦住芝儿，非要让芝儿说出药的配方，芝儿不愿也无法说出配方呀，恶霸开始动手动脚，芝儿高声喊叫，乡亲们个个怒目相向。恶霸见势不妙，跑了。

但恶霸哪肯就此罢休，他知道芝儿非常孝敬父母，就把芝儿母亲李氏抓去，逼芝儿来换母亲。

这时梦中的仙翁忽然出现在芝儿面前，他挥挥手给芝儿施了仙法，告诉芝儿如何去降服恶霸。

芝儿刚想向仙翁问个究竟，仙翁已经不见了。芝儿遵照仙翁吩咐，在自己身上涂了草药汤，跑到恶霸家门口，让恶霸把母亲交还。

恶霸见芝儿上门来了，满心欢喜地迎出门来，吩咐家丁张灯结彩，要与芝儿姑娘拜堂成亲。芝儿姑娘佯装应允，但让恶霸先把母亲安全送回家。恶霸答应了。

待恶霸回来要与芝儿洞房花烛时，芝儿手持利刃，不让恶霸近身。恶霸恶狼般扑了过去，芝儿的刀一下子就穿透恶霸胸膛，杀了恶霸之后，芝儿一刀刺向自己，一下子气绝身亡了。

恶霸一死，大快人心，恶霸一家自知理亏，也不敢报官。

郯正夫妻听闻消息，以为女儿身死，双双昏厥，恍惚间见一仙翁对他们说：芝儿未死，她是猪神当康为了报你十多年前救治箭伤之恩而赐予你二人的血脉，她的身上流淌着当康的血。然后仙翁又告诉郯正救活芝儿的办法。当康已经功德圆满，将带芝儿仙身返回钦山，这次救活以后的芝儿已是拥有凡胎的姑娘，好好珍惜吧！

郯正似有所悟，他记起了自己十多年前救下的小野猪，原来就是猪神当康呀。那天贪玩游到石砾山，不想被猎人追杀，幸被郯正相救，当康知恩图报，知道郯正夫妻盼子心切，遂让自己元神投胎为郯正之女，并剪发救急。

话说这钦山上的猪神当康又名无损兽，是一个祥瑞之兽，无损兽是杀不死的，它身上的毛发甚至血肉你随便割，什么十斤八斤的都毫无压力，你能割多少它就能秒长回多少。

郯正醒来后，急忙把女儿的尸体用木头架起来，念起仙翁教他的咒语，过了两天，芝儿姑娘身上的草药果然如仙翁所说，散发出阵阵清香，身体、手脚慢慢活动起来，再过了一天，芝儿姑娘完全苏醒过来，她犹如睡醒了一般，从此和父母、乡亲们快乐幸福地生活着。

后来，关于猪神报恩这个神奇的故事就广泛流传开来。大家佩服感谢芝儿姑娘的仗义救猪及智孝双全，又因为路桥方言"猪"和"芝"同音，"卖猪桥"就改叫作"卖芝桥"了。

长街故事

体肥膏黄味更鲜——塘桥田蟹

○ 六月雪 整理

　　塘桥位于路桥十里长街南端的陡门宫前，大约建于清朝末年，是先民的智慧结晶，其不仅外形美观，同时又可避水冲击。其水系由黄岩、海门、泽国三地汇集而成，汇聚流入金清闸入海，密集的支流让塘桥一带蕴含着丰富的水域资源。在塘桥附近有一个汽船埠头，东至金清、松门，南至太平、温岭街，北至椒江海门、葭沚，南来北往的商人到此做生意，让路桥成为名副其实的"千年商埠"，也把路桥的物产（包括田蟹）从此处运输至全国各地。

　　清朝末年，在塘桥边上住着一对兄弟，他们以捕捞水生物为生。在有着"百路千桥万家市"之称的路桥，人人会做生意，他们钓黄鳝、抓泥鳅、捕鲫鱼、摸田螺、捉田蟹……样样在行，生活得自给自足。兄弟俩常常分区域分头行动，约定时间、地域捕捞，看谁捕得又多又好，晚上便回家交流捕获心得，这样兄弟俩捕技不断长进，捕捉更得心应手，例如什么季节该抓

捕什么，什么地方出产什么，兄弟俩了然于胸。

　　话说这一年到了九月十五后，秋风骤起，北雁南飞。俗语称：江南九月，菊黄蟹肥，兄弟俩一边观察天气一边结合俗语，觉得去塘桥一带捉田蟹（田蟹：路桥方言，书面语称大闸蟹）的好时节来临。天刚蒙蒙亮，兄弟俩便带上工具整装出发，怎么分区域捕捉呢？还是老办法，哥哥在塘桥东南支河流域捕捉，弟弟则在塘桥西官河里捕捉，半天下来，哥哥与弟弟各捉到一定数量的田蟹，但经过比较，为什么哥哥的蟹都是圆脐的居多，弟弟的以长脐见多，并且把蟹放手上掂一掂，哥哥的蟹分量重很多，且看起来只只饱满肥硕，生命力旺盛。明明是同一条河，为什么捕捉到的蟹有着天壤之别呢，兄弟俩百思不得其解，一向爱思考又要刨根问底的兄弟俩决定深夜去塘桥下窥个究竟。

　　他们俩打着小手电筒，伏在桥下，虽是深秋，但蚊虫还是很多，咬得两个人全身起包，但这怎么能让兄弟们放弃呢，他们耐心仔细地观察着流水的走向与蟹群的活动，。这一窥便查出端倪来，原来从官河北来的蟹群像比赛一样争相逆水攀爬意欲过塘桥，他们又试了试水温，发现东南支流的水温比西官河的高，原来这些蟹是游过来取暖的。又因为是逆水而行，体重的肥蟹能顶逆流一口气铆足劲爬过桥，体轻的没有力气反复爬越，根本过不了桥。至此，真相大白，塘桥成了划分田蟹肥瘦的分界线——桥东南支流里的肥，桥西官河里的瘦。兄弟俩通过观察知道这个秘密，并将这个秘密公开于众人，所以沿袭下来，捉蟹人都喜欢在桥东下网捕捉。捕住的蟹大多是圆脐的，只只注定红膏，美味又畅销。

　　民国时，上海一批阔商专门吃阳澄湖大闸蟹，称大闸蟹为"天下佳品"，当时路桥人章九芝在台州轮船公司当买办，尝到阳澄湖大闸蟹之后，觉得味道不如自己家乡的塘桥田蟹，便特地回路桥买了百来斤塘桥田蟹，运到上海，供阔商们品味，以求塘桥田蟹与阳澄湖大闸蟹媲美，"不怕不识货，就怕货比货"，众阔商细

长街故事

细尝过对比后，一致认为塘桥田蟹比阳澄湖的体肥、膏多、味美，阔商们在事实面前连连竖起大拇指，赞誉不绝，事后常常托章九芝代买塘桥田蟹，带至上海享用。

后来塘桥田蟹被更多的人吃到，其中有一批文人墨客，尝过了写起诗文来一番渲染，路桥塘桥田蟹名气就更大了，从此塘桥田蟹成了珍品，真是：塘桥水下蟹肥味美，塘桥水上船只频来，塘桥田蟹源源不断地销往外埠，当地人吃得不多了。

赶八寺放烟火——闹上八由来

○ 六月雪 整理

据老辈人讲，以前路桥的妇女在正月初八这一天，打扮一新，穿新衣新鞋，梳漂亮发式，提着香篮，里面装着精心准备的糕点、水果等，隔壁邻舍约好同一时间出门，三五成群轮流到各大寺庙烧香，凡祈求平安、康健、发财、和睦、高升等尽可在这一天许愿，如愿望在一年内达成，来年正月初八可来还愿，年年相似，形成了路桥当地传统的"赶八寺"习俗。有竹枝词云：

老太成群游三门，肚皮挨饿不呼冤。
生来八字三分贱，双脚应该走到蹲。

从这首诗里可以读出，一般烧香人以年龄见长的妇女居多，相约成群前往寺庙，过去由于车马少，全是用脚走路，女人们又是以裹过的小脚为美，走起来特别累人，辗转寺庙走了一天又吃不上东西，又累又饿想来是妇女对"赶八寺"最大的体会，可就是这

样，她们仍然不会停止该仪式，传统的习俗在她们心中具有相当重要的位置。探究起来，也有其他的一些原因，过去交通、信息均不发达，妇女们平时居家多，极少外出，而寺院多建于山峦间，妇女们便借"赶八寺"可以与一年碰不到一次的姐妹们共诉衷肠，又可放飞身心，游历一番山水，同时又带着虔诚的祝愿而去，自然双脚走到着实累、肚子饿得噜噜叫也不在乎，内心还是充满着喜悦与憧憬。

各寺庙亦非常看重这一天，将庙堂里里外外打扫得异常洁净，开门接待这些香客，像路桥当地的善法寺、香严寺、普泽寺、兴福寺等寺院，这一天香火旺盛，梵音缭绕，香客们络绎不绝。

寺庙里有些经济头脑的和尚、尼姑发现了商机，一方面广结善缘，含笑接待香客，期待更多的香客上门，寺院的香火也就更加兴盛；另一方面准备了上好的参茶或桂圆茶供有钱的香客们享用，长路跋涉，香客们正好口干舌燥，对此时的礼遇定当加倍地乐助，她们饮过茶水后，往往将钱轻手轻脚地放入茶盘中，并双手合十向寺中和尚、尼姑回礼。

到了这一天入夜，晚饭前后，寺庙与百姓家里齐放流星、花筒、爆竹，称为"闹上八"。竹枝词云：

> 花炮地雷响不停，流星喷射满天庭。
> 花筒朵朵兰花观，焰火当中宝塔生。

天空真是璀璨至极，这边流星那厢焰火，像一座座宝塔似的烟火使"闹上八"达到了高潮。大人小孩纷纷走出家门，欣赏着这难得的美景，孩子们更吵着闹着也要放几根爆竹，此时大人一般都会满足孩子的要求，嘱咐安全后任其玩耍。烟火虽然短暂，但代表了人们的美好祝愿，是对新的一年吉祥如意的无限愿景。

"闹上八"之习俗沿袭至今日，成了路桥人（特别是十里长街）

许多商家开门迎客的日子，这一年开门营业前，他们要燃放鞭炮，意为"闹上八，大庆大发"。民间更有"爬爬挖挖，嬉到上八"的说法，意思以前的农耕社会，辛苦一年的百姓，可以在春节这段时间尽情休息，过了初八，接下来又要下地干活了。现代社会里，企业也是放假至初八，十里长街上的店铺，大都选择正月初八开门，在民间，八与发谐音，做生意讲究一个发财，能赚大钱。峰江一带更有初八赛大猪的习俗，各地习俗归根结底跟"闹上八"扯上千丝万缕的关系。

闹完了上八，也就意味着年过完了，接下来，年味越来越淡，春运开始，南来北往的人又开始奔波操劳，计算着怎样把新年过得比旧年好。

不过随着社会的发展，人们有了更多新的方式过节，放鞭炮有了各种禁忌，但"闹上八"仍然是路桥人喜爱的有仪式感的传统节日，到了这一天，路桥人还是会"赶八寺""闹上八"。

长街故事

开门炮与关门炮的故事

○ 六月雪 整理

传说古时候，东方大地上有一种叫"年"的怪兽，头长尖角，猴嘴獠牙，凶猛剽悍，比现在的大象大几倍，比鲨鱼凶几十倍，"年"兽平时深居海底，时不时还到陆地祸害百姓，这祸害可不是像田猪一样拱个庄稼，"年"兽专门吃人，而且一吃就是几十个人，被它吃掉的人数也数不过来。老百姓可遭殃了。每到月黑之夜，"年"兽上岸来吞食牲畜、伤害人命，因此到每月这个时节，村村寨寨的百姓们扶老携幼，逃往深山，以躲避"年"的侵害。

有一年的十二月三十日，百姓们又忙着收拾东西准备逃往深山，这时候村东头来了一个白发老人，只见她鹤发童颜，神情自若，衣衫朴素而整洁，她看着这村里的人全都往外慌张地逃跑，拉住一个肩上背着一个袋子、欲逃难的老婆婆问道："你们这是做什么？"老婆婆道出原委后，根本不想多理她，顾自要走，白发老人紧皱了一下眉头，三秒钟后眉心舒展，身边的

人根本没有觉察，她再次拦住老婆婆说只要让自己在她家住一晚，她定能将"年"兽驱走。百姓们哪里敢信，老婆婆劝其还是跟百姓们一起上山躲避，老人坚持住下，众人见劝她无效，便纷纷上山躲避去了，留下白发老人在村中。

村子早成了空村，白发老人在老婆婆家做了南瓜汤，吃饱之后，她在老婆婆家找到红纸，写着对联贴在门两边，又在隔壁的邻居家找来爆竹，并且在院子里生起了篝火，专门等着"年"兽来。半夜时分，"年"兽果真像往常一样准备闯进村肆虐一番，发现村中根本没人了，一阵搜寻，发现村东头有点动静，它气焰嚣张地来到了老婆婆家门口，突然听到"噼里啪啦"的爆竹声，定睛一看，门口还有一副红对联，院门关着，通过门缝可以看到火光满天，"年"兽浑身颤栗，四腿发抖，再也不敢向前靠近，原来"年"兽最怕红色、火光和炸响，这时院门大开，院内一位身披红袍的老人哈哈大笑，"年"兽瞬间大惊失色，仓皇逃窜。

第二天，当百姓们从深山回到村里时，发现村里安然无恙，这才恍然大悟，原来白发老人是帮助大家驱逐困"好年"兽的神仙，同时百姓们还发现了白发老人驱逐"年"兽的三件法宝——红色、火光和炸响，从此，百姓们把每年的十二月三十日定为除夕，亦叫作"过年"，即避过"年"和除去"年"的意思。这一夜，家家户户要贴红对联、燃放爆竹，户户灯火通明，守更待岁。这风俗越传越广，成了中国民间最隆重的传统节日"过年"。

这风俗沿袭到现代的路桥仍很盛行，特别是路桥老街，以经商为主的人们，更加讲究讨彩头与寓意。人们在除夕夜吃过年夜饭之后，大人们会包粽子、贴对联、挂灯笼，一条十里长街，红灯笼影影绰绰，连青石板上都映射成了红色，一片通红的老街，喜气洋洋，寓意着"生意兴隆、红红火火"，孩子们便上街赏灯，看谁家的灯笼大而精致，对联又红而妙语如珠，遇见不认识的字，便围着猜个不停，甚是年味十足。待到快休息时，每家每户必放鞭炮，称之为"关门炮"，既是对传统神话中的"年"兽的驱逐，同时表示旧岁平安。放鞭炮还是要有点讲究，一般放三铳双响，共响六次，讨的是"六六大顺"的彩头；有时要"带三放四"，因为旧时的鞭炮质量不过关，或受潮后有一发不响，六响变成了七响，"七"代表着有得吃，有"七星高照"之意。亦可燃放百子炮，一整串响个不停，称之为"百子千孙"；也有放一支地雷，谓：一枝独秀；放过"关门炮"之后就不好再打开门了，要待到明天一早燃过"开门炮"才可以开门。"开门炮"一般是早上五六点钟，礼数与"关门炮"相似，路桥人认为起早开门，能广纳财源，亦有路桥方言："天上掉钱，也要起早去捡，不然就被别人捡走了。"有开有关，有分有合，这符合对乾坤运转、阴阳相生、生生不息的道家学说的理解。

南栅庙的由来

○ 六月雪 整理

路桥十里长街不仅商贾云集，人文荟萃，文化积淀深厚，民俗文化更是值得一窥。现今保存完好的五保散布于长街中，每个保都建有一座庙即五保庙（河西庙、邮亭庙、三桥庙、南栅庙、河东庙）。五保各有特色，其中南栅庙位于十里长街南边，即今天的老马路旁，重建于光绪二十七年，南栅庙的建造是为了纪念一个叫华吉的人。

很久以前，有个临海人叫华吉，长得孔武有力，三十出头，是个卖盐客，他每天的工作就是去盐场贩来盐，再走村串巷售卖。在华吉十岁时家乡发洪水，父亲帮助邻居渡水时，救起了邻居自己没了命，母子俩便相依为命。一次母亲去市里赶集，让小小年纪的华吉去打猪草，河边的水草特别嫩，华吉就想着多割点，越站越远，脚下打滑就掉入了水中，不识水性的他忙喊救命，刚好村里几个壮年男子在河边的田里干农活，大家闻声一齐往河边跑来，来不及脱衣服七手

长街故事

八脚地把华吉救起。华吉的母亲很是感激乡亲们，告诫华吉要记得乡亲们的恩情，多做善事好事。华吉点头说铭记于心。母亲想丈夫因水而死，儿子现在又险些送命，从此不让华吉碰水，长大后的华吉看起来膀大臂粗，却是一个不会游泳的旱鸭子。

从此之后，半夜邻居发热，华吉就连夜帮助找郎中；暴雨快要来了，谁家晒在谷场的稻谷来不及收，他就快速帮着收；村人粜米拉不动车子，华吉同样乐意帮忙，只要有事找华吉，件件皆能圆满解决。村中人一提起华吉，都直呼这小子特别棒，就这样过了十几年，转眼华吉二十多岁了，村中有个姑娘看上了华吉，希望嫁给他，但华吉想到自己家贫，娶来反而害了姑娘，在母亲面前便说自己年少多等几年。

时光如梭，华吉一直靠卖盐为生，童叟无欺，平价售卖，遇见没钱人，就直接送盐，所以家里还是家徒四壁。母亲因为常年夜里纳鞋底，眼睛几近失明，血气方刚的华吉背着母亲四处求医。家里没有钱，母亲的病不但没有好转，还一年比一年差。有一夜，华吉做了个奇怪的梦，他梦见一条乌皮鲤蛇在自己的窗前徘徊，华吉想乌皮鲤不就是黑鱼吗，怎么会是一条蛇呢，正在胡思乱想间，这条蛇变成了一个妙龄女子，手里捧着一碗中药，说只要母亲服下这个，眼疾就会好转，但华吉必须做足一百件好事。华吉在梦中惊醒，发现窗户开着，虽然是九月初了，但清风徐来还是丝丝凉意。

接下来可想而知，华吉不停地做好事，到转年的五月初四，他已经做了九十九件好事，他摸着床头的红杠杠，这是他每做一件事刻下的记录。离母亲康复指日可待，这一夜，华吉睡得很沉很香。第二天五月初五，天蒙蒙亮华吉就起床，他悄悄来到母亲床前，捉起母亲一只露在被外的手，本来想放回到被窝里，不想却把这只粗糙的手放在自己的脸颊上，他流下了泪水，又在母亲的额头轻轻地亲了一下，在他的记忆里，小时候他与母亲才如此亲昵。

　　华吉挑着盐出门了，不想今天体力特别好，一路上走了几个时辰，边卖边走来到了路桥的十里长街，只见很多人围着南官河，这些人到底在做什么，华吉也挤进人群，看到在河水中隐隐约约有一块细长黑布，再定眼细看，原来是一条乌皮鲤蛇漂浮着，人们都说没见过这样的蛇，华吉一阵恍惚，这不就是梦中出现的乌皮鲤蛇吗？他怎么死在这河之中。华吉继续分开众人，走下台阶，用河边的树枝把乌皮鲤蛇挑了上来，他仔细分辨此蛇，发现蛇的肚子是胀的，眼睛与屁眼都发黑，蛇是因为中毒而死，这河水显然有问题。这样想时，他朝着岸上的人们大喊："这河水可能有问题，大家今天不能饮用此河水。"世代在此饮水的人，根本不相信他的话，一个妇人还朗声嘲笑他：一个卖盐的，狗拿耗子多管闲事，我今天就挑着这里的水喝，看会怎么样。人群开始纷乱起来，一些人觉得可能确实有哪里不对劲，但又说不出来不对劲在哪里，另一些人拿出木桶在等着取水，让华吉快点上来别挡路，他们要挑水回家做饭呢。华吉不识水性，本来心里就有些怕，但还是站在河埠上伸开双臂：今天谁也不准喝这河中之水，我用性命向你们保证，这河水有异样。人群再次纷动起来，一些人嚷叫起来：赶走这个卖盐人，赶走这个卖盐人。另一些人喊道：拿性命保证，你怎么个保证法？华吉脑中像放起了幻灯片，起先播映乡亲跳下河救起小时候的他，紧接着上映他答应母亲一定要善待人们，再放映出母亲的眼疾，接着最后演播出自己的梦，播映自己要做的第一百件好事……今天他不做这件事，人们如饮用了这里的水一定有问题，轻则拉肚子，重则要出人命，我于心何忍，这样一想，他内心倒是坦然了，并做出了决定，他朝着人们抱拳作揖：在下华吉，临海人氏，今儿愿意以身试水，只是家里还有瞎眼老母，就托付大家了。说后，坚定而急速地朝河水中趟去，一些人企图去拉他，一些人还在犹豫该怎么办，说时迟那时快，河水已经漫过了华吉的肩膀，紧接着是脑袋，他的头发在水中有一缕轻轻舞

蹈着，紧接着就什么也看不见了。岸边人群混乱起来，短短一两分钟，河边人还在考虑要不要下水，不识水性的华吉很快就消失河中，人们这才清醒过来，七嘴八舌喊着救人，待把华吉打捞上来，仅半个时辰，他的眼圈与嘴角发黑，人们终于相信这河水有毒。有一个老人率先跪了下来，失声痛哭，河边的人们紧跟着跪了下来，雷声隆隆，天忽然下起了暴雨，大家久久没有散去。

噩耗报到了华吉家里，母亲伤心欲绝，昏厥过去，人们赶忙掐人中，华吉母亲慢慢恢复了神智，人们说出了事情的原委，母亲突然止住了哭声，面露和悦之色，她想明白了，这是儿子的因果，一辈子与水有着不解之缘，是自己让他报恩多做好事，这样的儿子虽死犹生，比那些活着的人更有意义。众人中有一人刚才看到华吉母亲昏厥，匆忙中端来一碗中药，劝华吉母亲服下。一个十里长街的年轻人跪下来：华吉不在了，我就是您的儿子。一些年轻人纷纷跟着喊：我们就是您的孩子，华吉能孝敬您的我们加倍奉还。瞬间，她的眼疾好了，她看清了眼前的这个世界，也看清了面前的所有人。来自十里长街的报丧的人们，执意把华吉母亲接走了。他们言出必行，多年来，他们轮着细心照顾华吉母亲，让她有了几十个上百个儿子，也有一个快乐、安详的晚年。

十里长街的人们为了纪念华吉，在他跳河的不远处建起了一座寺庙，命名为南栅庙，寿日就定为五月初五，是华吉跳下水救大家的日子。另有传说南栅庙演白蛇传时，有白蛇缠于戏台柱上，不管是乌皮鲤蛇还是白蛇，不惜牺牲自己救助人们的佳话代代相传。

全俨送瘟神

○ 吴敏超 整理

元末明初，福建泉州有一个叫全俨的人，出身贫寒，祖祖辈辈都以打鱼为生。家中的兄弟姐妹也都帮着父亲一起打鱼、卖鱼。唯独全俨非常喜欢读书，常常跑很远的山路，去学堂听人念书。他总是一边听一边记，还折来树枝，学着老先生的样子，在石墙和泥地上写写画画。几年下来，全俨不光写得一手好字，还把四书五经背得滚瓜烂熟。后来全俨独自去外面闯荡，凭着一支笔，揽下不少抄书的活儿。他常常抄两份，自己留一份，这样既能赚钱养活自己，又能看更多的书。

一年冬天，全俨辗转来到福州，刚坐上圆鼓墩摆好摊子，就有一位客人急匆匆地送来一本《脉经》和一本《金匮要略》。原来这位客人三天后就要抄本，为此他还愿意出三倍的价钱。全俨不怕辛苦，一口答应下来。

那天夜里，天特别冷，全俨的手都冻僵了。他想起书上说的法子，便交替按下阳池穴、气冲穴和涌泉

穴。一番疏通经络之后，身体竟然暖和起来。全俨感到十分神奇，决定熬几个晚上，把这两本医书抄个两份，留着以后慢慢学。他一口气抄到了三更天，原本还想再抄，可他又咳又喘，这是从前自己受了风寒落下的毛病，一到冬天就犯得厉害。喝下一瓢酒后，全俨觉得好些了，打算眯上一会儿，可刚躺下又咳个不停，只能半卧在床上。

全俨就这么迷迷糊糊地半睡半醒，等到他再次在咳嗽中醒来，透过几块破木板的缝隙看向屋外时，才发现低矮的檐头挂起了参差的冰柱，窗外的巷陌已如银铸一般。全俨加了件衣裳，准备出门买点木炭和灯油。敲门声却在这个时候响起，还是那位客人，还是抄书，要加抄的是一本更厚的《普济本事方》。为了表示歉意，客人带了好些木炭、灯油还有干粮。全俨不觉眼前一亮，这些好东西足够他再抄上个十天半月了。他二话不说，回到案头便开始铺纸研墨，奋笔疾书。又这般连抄了两天两宿，全俨才把书全部抄完，他发现书上的要诀，自己已经烂熟于心。他还尝试着开些方子，缓解自己咳喘的老毛病。

没过多久，当地就爆发了瘟疫，因为略通医术，全俨一早配了药方，没什么大碍，邻里听从了他的劝告也都平安地度过了这场瘟疫。全俨越发觉得福州是他的福地，便娶妻生子在那里安顿下来，抄书之余偶尔也给人看看病。看病的那些年，他阅尽人间疾苦，对经文的内涵有了更深的理解，闲来也时常读读诗文，写写辞赋，还在自家的墙上刻写下了"奋心求志利济苍生"八个大字。

寻常的日子里，不同寻常的想法一直在全俨的内心涌溢。不知不觉，全俨已经到了知天命的年纪了。也是在这一年，朝廷设了恩科，熟读经书四十余年的全俨一举登科，家里一时间门庭若市。很快到了北上赴任的日子，动身的前一晚，全俨烧掉了自己写下的那幅大字：顾闲坐闲行，每愧群黎赤子；看世迁世事，几多苍狗白云。他不再是偏居一隅的一介布衣了，他要像青年才俊那样

踔厉奋发，经世济民。

全俨知道北上之后离家就更远了，得回一趟泉州老家看看。南下泉州拜别双亲后，他又带着家人匆匆赶路。好巧不巧，就在途经新安时，他发现有不少人抬着盖着白布的担架，神情十分悲戚。在经过长街一带时，他看到好多店铺都关着门，只有酒旗在风中寂静而又慵懒地打卷儿，显得十分凋敝。但在东岳庙一带，却有人嗡嗡营营地唱着一种特别的调子，仿佛哭魂的声音。全俨隐隐有一种不祥的预感，打探之下才获悉：这十多天来当地接连有人得病死去，人们当是瘟神的缘故，就唱着莲花调，摆上八大碗，希望能快点送走瘟神。

熟谙医术的全俨决定留下来，为这里的百姓做点事。不多时他便得知，这里但凡得病的人都面色潮红、干咳不已，显然当地正在经历一场瘟疫。全俨马上拜访当地官员说明来意，要求采购石灰粉，分发到每户人家，并贴出告示告知全城百姓一则不要出城，在城中也要用布帕掩住口鼻；二则所有病人要单独居住，避免传染；三则官府不日将在长街一带设置救疫亭，免费提供汤药。衙门上下正焦头烂额，见全俨如此热心自然是求之不得。

出了衙门，全俨没有片刻踟蹰，一赶到街口就用木箱摆成小摊，开始替人诊脉。一来他要开出不同的药方缓解不同的症状，二来他也得开出几服预防疾病的药给全城的百姓。很快十几口大锅一同出现在长街的各个拐角和周围的各个路口，周边的老百姓都各自带着碗，前来盛药、喝药，浓浓的药香和生石灰的味道终日弥漫街头。

然而冰冻三尺绝非一日之寒，看着那些重症病人几天下来都没什么起色，日夜奔波的全俨心急如焚。又过了几天，虽说疫情得到了些许控制，但还是不断有病人死去。秋风时而呜呜咽咽地穿梭在长街，像极了悲鸣；时而又卷着残枝败叶回荡在蓬门闾里，像一阵阵沉重的叹息。

"老爷，现在也好些了，咱们是不是也该快些赶路了，这些天可耽误了不少行程。"一天晚上，夫人显得忧心忡忡，"咱也捐了不少银子，是老爷大半辈子的积蓄啊，咱对新安、对自己的良心也算有交代了。"

全俨却郑重道："夫人不要这么想。我考取功名就是为了济苍生、安黎元，现在我做的不也是利济苍生吗？"

"我知道拗不过老爷。"夫人不安道，"可这一个多月旅途劳顿，现在又是深秋，老爷的病……这些天老爷又费心费力帮人看病，我是担心呐！"

全俨知道现在不是他离开的时候，他要等，等这场罕见且持久的瘟疫结束；要帮，帮这些受苦受难的老百姓。"夫人放心不会有事，这阵子正是要紧关头，上任的事过些天再说吧。"他一边安慰着妻子，一边看向屋内一个个大大的木箱子，那里面是他抄了三十多年的书，足足有上千本。从前他一直十分珍视这些书，但是现在……一股寒潮夹带着不可察觉的嘶吼，自心底趵突而起，他的眼眸忽然变得有些潮润。

转天一大早，儿子小全坐在马背上，脸上蒙着灰白色的三角巾，眼底的巾布被打湿了，变成深灰色，如同两个变了形的窟窿。"爹，真的要把这些书全卖了吗？"小全说着看了一眼身后的马车，车上垒着七八个大木箱，车舆矮下去了一大截，轮子也深嵌进泥地里。

"去吧，各大药铺几味君药就快断供了，去太平卖了书多买点药回来。你母亲的镯子也拿着，回头路上的盘缠可得靠它。"全俨说罢摆摆手，目光避开马车的方向。马蹄声渐渐远去，东方散开条状的灰云，犹如几根巨大的薪柴，燃起一片朝霞。

这一天长街的救疫亭，依旧排着长队，好多人喝了药，还得打上一碗两碗，给家人送去。到了傍晚掌灯时分，小全赶着一车药回，朝着暂宿的棚屋喊了几嗓子，不见有人应答。过了许久，才见父亲背着一筐草药回来，刚要撂下竹筐，就一个踉跄差点歪倒在地。原来依着全俨的吩咐，儿子去外地买药，母亲去长街煮药，

他自己则借来筐篓，到附近的山上去采药。

"跑了几座山才采回来这点，明天得找几个帮手才行。"全俨说话间，消瘦的腮帮无力地抖动着，一道道褶皱就像一撇一捺、一勾一划，书写着十多天来的疲倦。

接下来的日子，全俨采药之余还到处问诊，常常是天没亮就出门，天黑透了才回家。药草紧缺的时候，他用煮了三五遍的药渣给自己煎药；病人多的时候，他连喝水用饭也顾不上。他和全城的老百姓们一条心，就等着拨云见日的这一天。街头巷尾，依旧飘荡着送瘟神的曲子，那声调却在慢慢改变，变得舒心、愉悦。长街上的阴霾终于散去，病榻上的人们终于痊愈，所谓的瘟神也终于被送走了！家家户户都击节而歌，歌唱他们的"全大夫"。

但是"全大夫"却在这个时候倒了下来，他的老毛病似乎又犯了，他实在太疲惫了，再也扛不住了！人们成群地赶来他下榻的棚屋，给他捎来炖鸡、猪蹄、黄鱼、一篮篮鸭蛋，但是他和家人万般推辞，最后只收下了几株水芹菜。"咱虽说没来得及当官，咳咳，但是也要清廉！咳咳……"病中全俨的话依然显得掷地有声。

之后每天都有好多老百姓前来看望。看着骨瘦如柴的全俨，送走瘟神后那阵难得的轻快，一下子消散了。"世事虽难料，吾生固有涯。咳咳，你们咳咳……再给我再唱几句吧。"全俨虚弱道，粗重的咳嗽声仿佛从风箱里发出来一般。三天后，他听着悠扬的路桥莲花"送瘟神"，安详地与世长辞，人们听闻这个噩耗都哭成一片。

后来明太祖朱元璋为巩固基业，主张旌表"民间功臣"。当地的乡绅就联名上书竭力举荐全俨，不少名士还写下了雄藻兰章，颂扬全俨的高风峻节。一时间鸠工庀材，土木大兴，邮亭中镇庙很快便建成了。此后每年的农历十二月二十四，也就是全俨寿诞这一天，十里八村的老百姓都来焚香顶礼，香火一直从庙门口绵延到百米开外的牌坊。全俨"救民舍命"的故事就这样在新安代代相传……

长街故事

"义茶店"的故事

○ 王艳阳 整理

旧时的路桥有许多茶馆、茶店。人们聚在一起，不仅仅是单纯的喝茶，有做生意聊聊买卖的、有家长里短小道消息传播的，也有邻里恩怨纠纷调解的。不过，最为老百姓津津乐道的就要数路桥的义茶店了。

义茶，义茶，顾名思义，就是免费的茶水。义茶店与其他茶店的最大不同，就是提供免费的茶水。

从前交通大多靠步行，烈日炎炎，行走之人常肩挑手提，携儿带女。于是许多偏僻山村乡野也都出现过义茶点，设一壶清茶，供路人解渴。不过这些义茶活动大都是零散自发的，时间也较短。但像路桥这样，在十里长街繁荣的闹市专门腾出三间门面设义茶店，免费供茶持续数十年，实属难得。

俗话说："善事一朝容易做，行德十载数寥寥"。义茶店为何出现在十里长街热闹非凡的寸土寸金黄金地段，这项慈善活动是谁提议的？因何事而发起？又是谁会如此阔气地提供出这么多门面来？义茶店开办

持续了这么多年，所需的人工、资金又是如何解决的呢？

带着这些问题，我们走进老街，一起来探究义茶店百年前的往事，听一段淹没在老街茫茫人海里旧时岁月的故事。

据悉路桥自南宋起，商业渐兴，百货云集，交易频繁，这一带逐渐形成了市集。到了清朝光绪年间，路桥三八市的大名已名闻遐迩，各地前来赶市的船只有五十多艘，成为台州集市之首。

过去三八路桥集市的主要地段集中在牌前东岳庙附近，这里店铺鳞次栉比，中药店、烟杂店、参号、布庄、鞋庄、南北货店、钱庄、羊行、米糠行……各种商号店面一应俱全，肩挑提携摆摊者往来不绝。

有一年农历六月二十八，正值集市日，长浦住着一户普通的陈姓农家，丈夫陈华荣，每日辛苦地奔忙于三亩八分地，妻子董秀莲，勤勤恳恳，辛劳持家，这一天陈华荣早早地扛起锄头去田垟了，秀莲像往常一样割了草喂了猪，撒了谷喂好鸡，再把早饭准备停当。等煎好药服侍生病的婆婆喝下后，又去井边清洗全家人换洗的衣服。等这一趟忙下来，时间已不早，太阳已经渐升渐高了。

华荣已从田垟回来了，肩上挑着满满两大筐青菜。秀莲跟丈夫华荣说："娘的中药已经是最后一帖了，该去街上买药了。我听说东岳庙的娘娘殿可灵验了，不如顺便去求一签，保佑她早日康复。""好，家里有我在，你去吧。"

秀莲转身回屋拿出一个篮筐，家里养了十几只鸡，筐子里正是她每日积攒的鸡蛋。她对华荣说："今日是市日，正好可以去街上卖了换钱。如果有余，也可给孩子添点什么东西。对了，我把孩子也带上吧，市日街上可热闹了，让他也去见见世面。"

就这样，秀莲挎着蛋篮，带着六岁的儿子春明来赶集了。春明第一次跟母亲来到十里长街，看什么都是新鲜的，他东瞅瞅西瞧瞧，兴奋得像过年一般。街上人来人往，挤挤挨挨。等他们来

到牌前东岳庙附近，人们摩肩接踵，更是拥挤不堪。

这里是三八路桥集市的主要地段，店铺鳞次栉比，中药店、烟杂店、参号、布庄、鞋庄、南北货店、钱庄、羊行、米糠行……各种商号店面一应俱全。肩挑提携者往来不绝。

"红糖要伐（不要）红糖哦，顶（最）甜顶香格红糖要伐要哦……""花（瞎）眼望风水，择日子顶准，排队心勿急，算命快条来……""鸭仔（蛋）绿豆面，鸡蛋豆腐皮，桂圆荔枝肉，东西南北货……"长街两边店铺前摆满了小摊，此起彼伏的吆喝声穿插回荡着……

秀莲好不容易拉着孩子挤到东岳庙边，挎着篮子到处寻找附近可落脚的摊点。谁曾想，每家每户的店门前都排满密密麻麻的小贩，人与人之间挤得连一丝缝隙也没有。在这种情况还想找到一块可以摆摊的地方，简直是比登天还难。她不免着急起来，怪自己没有提早前来。再加上这几日熬夜早起，服侍婆婆，整个人开始感觉晕晕沉沉，浑身无力。她一手护着一篮鸡蛋，一手紧紧攥着儿子的手。他们俩如同随波逐流的浪花被潮水一步步推着往前移。那时正值盛夏中午，日头最猛，在阳光下寻久了，她只觉口干舌燥，头蒙昏胀，两目发花，突然，人一下子就晕了过去，筐内的鸡蛋顿时散落一地，儿子春明立即吓得大哭起来。

"哎呀，让让，让一让，有人发痧了，快快快，把她抬到廊檐下。"人群中发出一阵惊呼，行人们纷纷尽可能地向两边店内避让，努力闪出一条小道。旁边赶集的人七手八脚地将她安置在东岳庙廊檐下的避阴处。

"人都散开点，快把她衣领解开，透透气……"只见一个算命先生拿起手中的扇子拼命扇风，一个卖豆腐皮的大娘死命掐着她的人中，还有一个刚从东岳庙拜佛出来的大婶唾口唾液，夹起中指食指，立马在她脖子上捉痧。一块，两块……直至她整圈脖子上现出十多块暗红色的痧痕，她的手指才微微动了点。又过了几

分钟，秀莲才缓缓地苏醒了过来。行人们终于松了一口气："好了，好了，终于醒过来了，让她坐着再休息会，谁有水吗？给她喝一口。"旁边一位卖菜的阿公递过一碗水，喂她慢慢喝了下去。

东岳庙对面是关帝庙，有"庙对庙"之称，关帝庙前面搭有戏台，旁边紧挨着宾兴祠，这一片每日里热闹非凡，三教五流，男女老少，有拜佛听戏的，有算命打卦的，有江湖杂耍的，有买卖物品的……这天中午，当时主管宾兴祠的杨晨的父亲杨友声，正好带着一批读书人会文，散会出来就碰到秀莲中暑的惊险一幕。

"这种天气啊，人又多，身体差点的，就会发痧。上两日一个老太也在这里晕倒。"

"人挤人的，实在太热了，没有茶喝，人熬不住，难怪会中暑。做点小生意也真难，可惜一筐鸡蛋都打了水漂。"

"还好救回来了，要不这个孩子该怎么办？听说她家中还有个生病的婆婆，等着她来街上抓药呢。"

围观者你一言，我一语地说着，纷纷抱怨着暑热的天气。杨友声听着大家的议论，没有说话，径直走向秀莲，在她身边放了一锭银子，然后安慰道："大嫂，你莫着急，打碎的鸡蛋我先买下。等会儿，你感到舒服点了，我让人带你和孩子到对面宾兴祠用点膳吧。中午再休息休息，大热天的，不必急赶路。"

他留下一个读书人照看着母子，带着其他人走进东岳庙找到管事："施管事，你晓得伐？刚刚又有一个妇女在庙前晕倒，听说这两日常有人发痧。天气越来越热，赶集的，烧香拜佛的人也越来越多。我想跟你商量一下，不如我们宾兴祠和你们东岳庙合作办个义茶店，让大家有茶吃，也少出点事故，你看意下如何？"

"出家人慈悲为怀，宾兴祠既有此意，我们东岳庙怎会推脱。只是你我两家都没有店面，行人取水也不方便，如果另租，价格会太高，恐怕坚持不长久。不如我们再邀请关帝庙的管事商议一下，他们有临街的庙产，目前只作库房，若能腾出，那就最好不过了。"

"这事好办，我去招呼。"杨友声爽气地说。于是转身又去找了关帝庙的蔡管事，两人平素就交情不错，一听提议三家合办义茶店，马上答应了下来。立即腾出一间库房来。

就这样，为了方便和照顾外来赶集的百姓，由宾兴祠发起倡议，会同东岳庙和关帝庙的管事们，决定烧义茶，长年免费供应过往行人，经费由三家均摊。

几天后，房子很快地经修理粉刷后，楼下搭起了地灶，并设置了大小水缸，"万事俱备，只欠东风。"义茶店缺少的是烧茶、担水的人。杨友声写了一张招人启事，贴在店门口，要求烧茶者为勤劳朴实的女工，担水者为体力康健的男工。

启事贴出去三日，也没人来应招。到了第四日的下午，一对夫妻带着一个儿子来到了宾兴祠找杨友声，男的膀粗腰实，女的低眉顺目，再一看旁边活泼的孩子，杨友声一眼就认出来了。这一家人正是陈华荣董秀莲夫妇及儿子陈春明。

秀莲笑了："先生好记性，我就是那日晕倒在路上的秀莲。那日多亏众人相救，先生相助。回家后，跟老公提起赶集一事，我们心中都感激不尽。如今听邻居说起杨先生要在这里招人办茶馆，我们也就想着前来帮忙。你看我老公从小种田，抱柴担水这种粗重活不在话下的，我自己平时烧饭烧菜家务全包。你看可还合适？"

杨友声还是有些犹豫，他试探性地问："上次听人说，你婆婆病了，你们夫妻都出来了，那谁在照顾？"

站在一旁的陈华荣开言道："说来也奇，媳妇那日从这里出来后又去东岳庙求了一签，道是凶去吉来，这几日又吃了补抓的中药，竟然利索地下床到处走。我娘以前做惯了，闲不住，昨天就住到同村的囡那里，帮忙做点手工活。"

"既然家里没有后顾之忧，有你们在，这样我也放心了。茶店白天烧茶，你家儿子也可放在宾兴祠，这里读书人多，也可教他识字念书。晚上茶店关门，如果你们嫌往返麻烦，晚上一家子也

可以住在二楼。"杨友声周到地考虑到。夫妻俩喜出望外，除了道谢不知还能表达什么。

一切安排妥当，第二天，路桥义茶店就正式开业了。

早上天未亮，陈华荣就挑来柴爿，秀莲整理妥当，排在灶边。华荣又一趟趟地从官河挑来水，秀莲用明矾淀清。将过滤后的水倒入大锅，点火，烧水。冒着热气的滚水再倒到大缸晾凉。凉透的茶再倒入门口的茶缸，茶缸边摆放五六个竹做的"茶舀"，随时等人来取。

一年四季，路过义茶店的行人，口渴了，门口自己拿起水瓢茶舀，喝好了走人，不用给钱，也不用致谢。从此，赶集的人都享有了这种前所未有的福利！

夫妻俩勤勤恳恳，认真做事，几年后，由于官河里的水变浑浊有泥气，陈华荣就不辞辛劳，特意跑远路到中桥小桥头的"前埠头"，或者牌前的"元宝池"吃水公河去挑水，以供烧茶用。义茶店门口终日饮者不断，有时还排起了长队。秀莲于是在屋里也增加了桌椅凳，方便外人歇脚。不久，一间店面就显得捉襟见肘了，后来，杨友声又与关帝庙管事商议，逐渐扩大规模，及至增加到两层三间。三间楼房的义茶店显然人手不够。除了陈华荣夫妇外，店里又增加了烧茶女工数人，长年担水的男工数人，泡茶伙计一人。

店面大了，春秋闲季时，杨友声还让人在茶店内设起了说书书场。一张长桌铺上一块干净的蓝布，上面一本书，一根惊木棍是必不可少的。底下十几张八仙桌依次排开，每张桌子配上四张长板凳，每张桌子上放着八个大碗。一锅开水烧好，伙计为每人每满满地注上一碗。许多时候，宾兴祠的读书人就义务客串一下"说书先生"，《三国演义》《封神榜》《包公断案》……这些烂熟于胸的故事，他们随便取个章节，就能说上一两个钟头。惊木棍一拍，方言口语通俗易懂。于是，大家就着一口白茶，津津有味地听起了说书。有讲究的还自己从家里带来茶叶，撮上一撮，慢慢品茗。

街头卖野菱的、卖海蛳的、卖豆芽的小贩们，常常也会被吸引着进入店内，他们头上顶着，怀里揣着商品，笑嘻嘻地穿梭于桌凳之间，一边听书一边做着茶客生意。

后来，义茶店的女工男工换了一茬又一茬，唯有陈华荣夫妇年复一年地继续担水烧茶。他们的儿子在宾兴祠读书人熏陶下，也爱上了说书，据说还曾在义茶店里说过一段当年母亲第一次带他赶集的故事呢。

月河吟社与话月巷

○ 徐吉鸿 整理

一个千年古镇，一定会有很多古老街巷，也必定保留很多古老的名字。每一条道路、每一个古老街巷，都是一段历史、一段文化。它的背后，往往都有一段传说、一个故事。

十里长街的话月巷也不例外，它最早叫"卖肉巷，卖玉巷"，顾名思义，这个巷子之前肯定是以卖肉、卖玉的摊贩居多而命名。路桥方言里"肉""玉"同音。但后来为什么叫富有诗意的"话月巷"呢？说起来这个名字与路桥一代文宗杨晨及他们创办的"月河吟社"有着很大的联系呢。

说起月河吟社，我们不得不先说一下月河的名字，如此富有诗意，也是来自文人们的创意。南官河经过路桥十里长街这一段，鳞次栉比的石基木楼延绵十里，倒映在清澈的河面上，穿越过一道道人来人往的古桥，商贩的吆喝和船工的号子此起彼伏，是最美最有情的一段。只是官河这个"规划名"实在是少了点意蕴。

于是，路桥的文人们就绞尽脑汁给它取一个能够入诗入画的新名，因为河上常有白鹭飞翔，又称鹭河，后来，又在路桥的路加了三点水，称为潞河。但最深入人心的，还是月河。

路桥是财富聚集之地，然而南官河却直通通地流向温岭太平。水者，财也，路桥人担心财富也随流水带走，于是，耍了个聪明，在三桥和磨石桥两处，分别改了河道，让河水绕了半个弯，这两个弯儿就像两道眉月，文人们借地生景，就把两个弯之间的河道取名为月河。

清咸丰十一年辛酉（1861）秋，天高气爽，一批文人聚集在十里长街的镇东庙，成立了路桥历史上第一家诗社，因为诗社在月河岸边，所以自然而然就叫"月河吟社"。并且主持吟社的两位儒士就是杨晨的父亲杨友声和他的好友蔡篪。有德高望重的前辈召集倡议，年轻的后学们自然如星拱月。附倡者有蔡燕綦、杨晨、王咏霓、王翰屏、刘子藜、徐梦丹、谢德荫、陶赞尧等名士，大家共同推举蔡篪为社长。

诗社每月雅集，择良辰美景，胜地可人，痛饮剧谈，占题斗韵，且甲乙之。说明这是一个竞赛式的诗社，"占题"是以同一命题写作，"斗韵"则是赋诗填词时以险韵取胜，这种斗诗会算是当时流行于文人间的一个雅趣。

蔡篪先生虽未做官，但一生辗转路桥、临海、黄岩等地，致力于书院教育，桃李成蹊，交友如林，曾被誉为"台州五才子"之一，当为一代地方名士。

诗社成员还有蔡燕綦，路桥石曲人。曾中举人，好客能诗，蔡燕綦曾隐居悟空亭读书，蔡篪写诗赠予他，半调侃半祝福，诗友之间怡然唱和，也算人间美事。

在月河吟社的社员中，还有几个才俊之士，值得一说。

王咏霓，字子裳，号六谭，兆桥（今属椒江）人，曾为进士，授刑部主事，签分河南司行走。光绪十年，随侍郎许景澄出使西

欧各国，横渡大西洋取道美国经日本回国，历时 3 年，沿途以诗记事，撰写日记，被誉为"台州开眼看世界第一人"，后分发安徽知府，三守凤阳，一摄池州，讼简政清。回乡后一心著述，著有《函雅堂全集》《台州大事记》等 20 部，续修光绪《黄岩县志》。王咏霓先生虽是现今椒江洪家兆桥人，但他年轻时的朋友圈都在路桥，也算是半个路桥人吧。王咏霓也同样留有一首月河诗友间的寄情之作《夜月寄刘子藜》：

> 今夜清光好，天涯文字孤。
> 客愁刚见月，世乱耻为儒。
> 大地尚荆棘，浮名起钓屠。
> 寄言刘子骥，善保百处躯。

刘子藜，字子骥，蔡簾曾给他作诗序。诗友之间的唱和之作属他被提到的名字最多，如路桥南栅人陶赞尧（字葵友）也有《妙智寺大悲阁集叠刘子藜韵》，看来是吟社里的活跃分子。

王翰屏，字桐卿，洪家大路王人，为路桥邮亭刘金河门下子弟。同治六年（1867）王翰屏获岁贡。后历任樊川、文达及临海、椒江、太平各书院山长。著有《青箱阁诗存》。

徐梦丹，路桥三桥人，号金门，与蔡二宜、谢德荫等结"善善会"，为文跌宕不羁，著有《意云庵稿》。

谢德荫（1841—1894），文茂长子，名书蕉，字咸临，号绿轩，路桥谢氏第九世，邑增生，科名镇南，改名德荫（《路桥谢氏宗谱》）。有《辛酉二月二十五日闻贼至》诗载于《路桥志略》。

然而，月河吟社存续的时间并不算长，大约为三年。咸丰十一年（1861）十一月，太平天国军队在侍王李世贤的率领下进入黄岩，打破了路桥文人们平静的生活。同治二年（1863），王翰屏被太平军所掳，后来虽放回，但这期间，诗友们也失去了斗诗

的雅兴。同治四年（1865），杨晨考中举人，赴杭州深造，社长蔡篪则到临海任东湖书院山长。诗人们分居各地，吟社活动只好中止。月河吟社的历史虽然不长，但它是路桥本地第一个诗社，社员又是当地文界领袖，影响极大。

杨晨出身于书香门第，杨晨自小便受这种诗香氛围熏陶，从小便有"神童"之誉。他品格清奇，英气内敛，当时很多少女是他的粉丝。很多名门望族都盼望着与杨家联姻呢。

月河吟社雅事不续之后，杨晨离开路桥去省城西湖书院负笈攻书四年，二大掌教薛慰农与孙琴西各有一女，也都喜欢上了杨晨，结果是孙掌教之女孙柔成了杨家夫人。孙是瑞安人，属半个同乡。

孙柔小名月儿，生得沉鱼落雁之貌。月儿这个名字更是牵动了杨晨的乡愁：令他想起家乡的月河，想起诗友们在月河畔吟月，想起那条巷子里的父老乡亲们……眼前的美丽女子又恰如月儿般内敛、娴雅、温柔。杨晨不禁怦然心动，牵起红袖成了一对神仙佳偶。

正当夫妻感情深笃时，月儿身患奇症，也是红颜薄命，留下一子西归，那人去空余一榻冷床，杨晨痴情，涕泪长淌，惆怅满怀。犹忆与月儿两情缠绻时，愈发断肠。举酒消愁，对月独醉。伤心欲绝，誓不再娶。最后还是老丈人琴西先生代养孤子，逼他再娶，还亲自去下聘，再娶湖北才女李嘉瑛，也是杨晨与月太有缘了，这李氏也工诗文，与月儿长得极像，并且小字颂玉，据说李氏感动于杨晨对孙柔的深情款款，把自己的小字直接改成了"颂月"，私下里杨晨亦唤她月儿，两人唱酬极乐。

杨晨游宦整二十年也看透了官场利弊，早早想悠游林下。这从他作的诗中可看出他早有退隐之意：我思张子房，愿从赤松游。

杨晨还有诗道：

五十归田老月河，但凭忠信涉风波。

也知传舍原如梦，聊自经营安乐窝。

于是杨晨一再上表辞官归乡，终获奏准，杨晨归来家乡，对家乡的文化教育贡献很大，他掌教文达书院，培养了罗梅野、徐竹波等无数秀才。此间吟哦不断，杨晨虽然说后来又续娶妻妾，但心灵深处最念念不忘的还是月儿。他的诗文里有不少思念亡妻之句，这也像极了苏大学士思妻时"十年生死两茫茫，不思量，自难忘。""料得年年肠断处，明月夜，短松冈。"

因为杨晨归隐之后，经常与老友们提起与月儿的逸事，这个"卖肉巷"渐渐地就叫作"话月巷"了，当然这个名字与月河也更搭配，并且更富诗情画意，所以就一直沿用至今。

陡门宫

○ 周周 整理

嘉靖三十七年，大明东南沿海地带深陷倭寇之祸，官兵不能抵挡，百姓惨遭屠戮，流离失所，天下动荡。

三年前，也就是大明嘉靖三十四年，一股仅仅只有五十三人的倭寇从浙江绍兴上虞县登岸，在杭、严、徽、宁、太平等州县屠戮地方百姓，甚至一路攻到了大明的留都南京，使得嘉靖皇帝为之震怒。

为了抗击倭寇，大明王朝派出了许多精兵强将，来负责剿灭倭寇，其中的一名佼佼者的名字叫作戚继光。而当时没有人会知道，他的光辉将彻底盖压整个时代，故事则要从大明王朝刚刚创立时说起。

大明洪武十四年，名将傅友德、蓝玉率军远征云南，一路之上所向披靡，战况进行颇为顺利，很快就彻底平定了云南全境。

在战争结束之后，傅友德很快便向朝廷送交了阵亡有功将领的名单，按照惯例会进行嘉奖，而上面有一个名字叫作戚祥。

　　此人并非历史上多么有名的人物，但是他却是跟着朱元璋东征西讨数十年的亲兵，立下了很多功劳，于是朱元璋下达了一条意义深远的命令。

　　"授戚祥之子戚斌为明威将军，任职登州卫指挥佥事，世袭罔替！"

　　直到一百四十八年以后，戚继光出生，承袭了祖上遗留下来的登州卫指挥佥事职位，并在抗倭战争中逐渐成为了一代名将，也成为了倭寇心中的噩梦。

　　自嘉靖三十八年到嘉靖四十五年，戚继光前前后后经历十三场大战，每战几乎都获得了全胜，几乎全歼倭寇，而自身最大伤亡才不过六十九人，堪称彪炳史册。

　　不过，在嘉靖三十七年的时候，戚继光还远远没有达到后来的高度，也没有训练出一支强大的戚家军，并且刚刚经历了一场不太光荣的战役——岑港之战。

　　岑港，一个丝毫不起眼的位置，却成为了倭寇的目标，一支大约有千人的倭寇盘踞在这里，抗拒明军的攻击。

　　当时身为参将的戚继光率领三千新军，并且同参将卢镗、俞大猷等人一起协同会战，上万名明军对倭寇展开大战，然而却被倭寇打了个落花流水。

　　尽管这一战到最后还是艰难取胜，可是倭寇伤亡不到千人，且有一部分倭寇逃了出去，而明军伤亡则高达三千余人。

　　而这一股逃亡倭寇正沿着栅浦分路一路劫掠，目标直指台州路桥，情况万分危急。

　　面临朝廷的严厉谴责下，戚继光率领大军赶往路桥，他要在这里全歼这股逃亡的倭寇，完成对倭寇的复仇之战。

　　四月烟雨朦胧，路桥自古被称为新安，昔日宋高宗赵构曾于此地逃脱了金兵的追击，声称此地的路即桥，桥即路，由此赐名此地为路桥。

然而往日里风景如画的路桥，如今却面临倭寇荼毒的危险，百姓们心中惶恐之至，只能紧闭大门，等候官兵的到来。

一队骑兵踩踏着雨水快速疾驰而来，为首的四个人都是戚继光手下的部将，分别姓孔、傅、朱、章，平日里相交甚笃，此次得到了戚继光的命令，抢先赶到路桥抗击倭寇。

马蹄声渐渐停歇，一名身材高大且身着青色官袍的中年人站在了骑兵面前，他的眼神中带着几分疲倦，似乎已经许久没有休息。

见到前面来者是官，骑兵们连忙下马行礼。

"你们是什么人？来这里干什么？"

"我们是戚将军的部下，前来抗击倭寇。"

"戚将军？哪个戚将军？"

"我家戚将军正是宁绍台参将戚元敬。"

然而，当中年人听到这个名字的时候，却冷哼了一声，沉声道："原来就是那个纵匪逃跑的戚继光？哼，实不相瞒，本官正要参他一本，参他带兵无方，且私自通倭！"

通倭可是大罪，更是对戚继光本人人格的莫大污蔑，因此孔、傅、朱、章四将大惊失色，继而愤怒道："戚将军率领我们在岑港苦战半年，每逢战事必争勇向前，斩杀倭寇无数，未曾有半分退缩，何来的通倭？还请大人告知姓名，我等也好向大人解释缘由。"

"哼哼！"

中年人却是冷笑了一声，道："本官乃给事中罗嘉宾，原本就有风闻奏事之权，更何况岑港之战持续半年之久，官兵死伤无数，倭寇却未能彻底全部歼灭，方有今日台州之患，你们言辞切切，殊不知天下人心里也有一杆秤！"

为首的孔将军顿时脸色涨红，道："今日倭寇前来，我等也是跋涉数百里赶到，未曾有丝毫怠慢，若是大人不相信我等杀敌报国之心，且看看再说！"

罗嘉宾摇了摇头，叹息道："即便你们有杀敌之心，可未必戚

继光就有，否则为何他才派你们前来，他自己人呢？"

朱将军比较冷静沉着，他耐心解释道："还请大人知晓，我家戚将军并不是贪生怕死之人，他知道倭寇逃窜台州后心急如焚，便派遣我等骑兵火速前来，将军则率领后队步兵前来，即刻就要抵达！"

就在众人解释之时，雨势渐止，天边则出现了一道黑烟，似乎还伴随着许多人的喧哗声，只见大量的百姓往十里长街方向跑来。

"不好，倭寇已经到了。"

"我等不能继续在此久留！"

"还请大人保重！"

孔、傅、朱、章四将齐齐抱拳行礼，也不待罗嘉宾有任何反应，径自反身上马，沿着逃跑人群的反方向冲去，蹄声渐渐远去。

罗嘉宾望着冲向倭寇的骑兵们，不由得为之一愣，他下意识捏了捏自己藏在袖子里面那本弹劾戚继光的奏章，心中莫名有些犹豫。

……

远处的倭寇残兵人数并没有太多，仅仅只有二百多人，他们自岑港逃窜以来便一路洗劫地方，人人身上背着抢来的财物，眼睛里散发着嗜血的光。

眼看着远方渐渐汇集了数十名骑兵，可是倭寇首领倭僧吴三郎却毫不在乎，他跟明军交战过许多次，几乎每一次都能取得大胜。即便是在岑港之战中，明军也未能从他的手上讨得便宜。

对于面前的几十名骑兵，倭僧吴三郎只是冷笑了一声，开始将自己的部下汇聚起来。

孔、傅、朱、章四将长期受到戚继光耳濡目染的教导，深知此时必须要冲散倭寇的阵型，将倭寇留在这里，否则一旦被他们再次逃走，那么到时候再想要抓到这批流亡的倭寇，将会付出更加惨烈的代价，百姓们也会受到更多的伤害。

"今日，纵使是死，也要将倭寇消灭在路桥！"

孔、傅、朱、章四将高声喝了一声，挥舞着长矛，便带着身后的数十名骑兵朝着倭寇的方向发起了冲锋。

双方距离越来越近，彼此都能从对方的眼神中看到一股决绝的味道——孔、傅、朱、章等人势必要将倭寇消灭在此地，而倭寇也势必要反过来干掉明军，继续肆意杀戮。

这是一场正义与非正义、保卫与破坏的战斗，尽管双方的人数并不多，比不上日后的任何一场大的战事，可是对于路桥百姓而言，却是一场意义十分重大的战斗。

夕阳渐渐落下，大地上洒下了一层光晕，大量的尸体倒伏在地上，摆出了各种各样的姿势，有人互相抱在一起而死，有人则是互相斩杀了对方，还有人身上足足插着七八根羽箭，头颅却依然死死高昂着，望向远方……

浓郁的血腥味道夹杂着烈火燃烧后的味道，显得十分刺鼻。然而，对于此时正同倭寇殊死搏杀的孔、傅、朱、章四将而言，却已经显得无足轻重，他们的战马已经丢失，武器也都已经折损，只剩下了拳头和牙齿，直到倭寇咽下最后一口气。

当戚继光率领大军赶到战场的时候，倭僧吴三郎再也没有机会逃离此地，他被明军团团围困，手底下的倭寇也被全部消灭干净，而那几十个孤身冲阵的明军骑兵，大部分也都死在了战场上。

其中孔、傅、朱、章四将并坐一起，至死都在同倭寇搏杀，百姓们感念其壮举，在塘桥旁修建了一座陡门宫，尊孔、傅、朱、章四将为元帅，立庙奉祀。门口建有戏台，每逢农历十月十六，称为元帅寿日，常常有戏班演戏。

嘉靖四十年，戚继光训练出戚家军，并且接连在新河、花街、上峰岭、长沙等役获得胜利，号称九战九捷，全歼入侵台州的倭寇，并且在嘉靖四十五年彻底平定了东南沿海的倭患，百姓终于恢复了平静安宁的生活。

　　时至今日，行走在路桥十里长街上，穿行在古老和现代之间，粉墙黛瓦，杨柳拂风，常常能够感受到内心的宁静。不经意间，抬头或许能看到塘桥边的陡门宫，也能看到里面贴着一副对联。

　　"抗倭寇功垂宇宙，四大夫永镇陡门。"

　　百姓们对这些保卫家乡保卫人民的英雄，常常会铭记千年万年，战死英烈的意志也会始终护佑着百姓们的安危，直到永恒。

长街故事

屋顶上的神兽大会

○ 倪清扬 整理

　　一只燕子刚刚做了妈妈，在屋檐下精心布置的小窝里现在挤着五张永远叫着肚子饿的大嘴。除了睡觉，她把剩下所有的时间都花在了到处给孩子们找吃的上面，可那五个小肚子还是像无底洞一样总觉得饿。

　　这天，燕子妈妈天不亮就从小窝里飞出去了。连续飞了一早上，清晨的水汽沾湿了她的翅膀。看到太阳出来，她停在屋顶上，很奢侈地喘口气，奖励一小会儿只属于自己的时光。她稍稍展开翅膀，让每一片羽毛，都感受一下暖融融的阳光。

　　"亲爱的燕子，请问你能帮我捎个口信吗？"

　　一个小小的声音从脚下传来，把燕子妈妈吓一跳，踉踉跄跄地飞到半空中，想看看是谁在对自己说话。

　　"抱歉，吓到你啦。我是屋顶上的这只凤凰呀。"

　　燕子定睛一看，屋顶上确实有一只灰雕凤凰。她曾在屋檐下听过人类的妈妈给人类的小孩讲百鸟朝凤的故事。但她自己还从来没有见过真正的凤凰。

燕子缓缓降落在屋顶上，站在了凤凰前面。

"请问你真的是凤凰吗？"

"我确实是凤凰，只是被放在了屋顶上。我多羡慕你这只自由的小燕子，可以随时舒展自己的翅膀。我们只有开神兽大会的时候才能活动活动筋骨。神兽大会后天就要开始了，请问你可以为我们传递口信呢？"

燕子想到自己那五个孩子，自己刚刚已经休息了太长时间，估计孩子们都饿坏了。自己连做五个孩子的妈妈都只能勉强合格，哪里还有时间做任务艰巨的信使呢？可是拒绝的话到了嘴边还是说不出口。燕子太善良啦，每只燕子都有金子般的心肠。

"神兽大会一百年才开一次，只有收到口信的神兽们才能在神兽大会的时候活过来。要是没有信使为我们送口信，错过了这一百年，我们又要再等一百年了。"凤凰叹着气说。

听凤凰这么一说，燕子觉得神兽们太不容易了。她想，要是自己多努努力，应该是可以做到的。再说了，十里长街上不是有个邮亭古驿嘛，身为路桥的燕子，她一定做好这个小信使！于是她答应了凤凰的请求。

既然接下了这个任务，燕子就一定会认真完成。她飞到十里长街的每一座房屋上，把口信送给了每一只神兽。她使出了平时两倍的力气，一边为孩子找食物，一边为神兽们送信。用了整整两天的时间，终于把口信送给了每一只神兽。牡丹花、浪花等图腾也由神兽掌管，只有仙人不需要口信。凤凰说仙人自有上天庭的办法，神兽大会他们不参加。当最后的黄昏降临，燕子妈妈还沿街细细地又检查了一遍，确定不会有神兽因为自己的失误而错过这百年一次的盛会。

夜幕降临了，屋顶上的凤凰第一个动起来，她飞过街道，小小地施展法力，让人们今夜好好地待在家里。老鼠神兽又顺着所有的房前屋后迅速地跑了一遍，确定清空街道的法力没有遗漏任

何一座房子。

双重检查后，一百年才举行一次的神兽大会开始了。

每座房子上的神兽纷纷活过来，飞檐走壁来到凤凰所在的屋顶。有的带来了美食，有的带来了鲜果，有的带来了美酒。大家欢聚一堂，分享这一百年间发生的趣事。

燕子很好奇神兽大会是什么样的，可她得先回窝里哄孩子们睡觉。当孩子们终于安静下来，燕子妈妈听到一个声音说："你看人们多重视我们神兽大会，我在来的路上看到了好多牌子上都画着红色的一百年图标，写着"1921—2021"。人们倒是记得清楚，还专门为我们设计了展板庆祝呢。"

"就是就是，我也看到了。真是不错呀，人们有心了。"

"下一个百年，我们也要好好守护人们啊。"

"一定一定。"众神兽同意道。

听过导游讲建党百年史的燕子妈妈当然知道那些展板是做什么的，但她没有说话。她想，说不定这一百年的风雨征程，也有神兽默默守护的功劳呢。

本来还想继续听听神兽们的对话，但忙了两天的燕子实在是太累了。哄完孩子们睡觉后，她自己也瞌睡起来。

总是显得漫长的夜晚在今夜突然转瞬即逝。燕子妈妈一个瞌睡的工夫，神兽大会竟然就到了尾声。"那么，各位神兽，这次的神兽大会就开到这里，下一个百年我们再见吧！"凤凰说。

听到"再见"两个字，燕子才一个激灵醒了过来。

"等等，还有一件事。"凤凰突然想起了什么，看向燕子的小窝说："亲爱的燕子，谢谢你！这次的神兽大会能顺利举办，多亏了你能来做信使，把口信告诉了大家。"

燕子妈妈听到了凤凰对自己说话，小心地从孩子们身边脱身出来，飞到了屋檐上。不客气还没有说出口，就听到凤凰说："作为报答，我以百鸟之王之名，为你的五个孩子祈福。我祝愿他们

健康长大。"

龙接着说："我祝愿他们一生好运连连。"

鲤鱼说："我祝愿他们聪慧伶俐。"

火焰神兽说："我祝愿他们拥有火焰般的生命力。"

葡萄神兽说："我祝愿他们一辈子不饿肚子。"

……

燕子呆呆地站在那里，感动得什么话都说不出来。

每当一只神兽许下自己的祝福，就有一团小小的光飞进燕子的小窝。小燕子们没有见过这么神奇的东西，有一只小燕子小心翼翼地用嘴啄了一下，小光团就四散开来。五只小燕子觉得这个游戏很有趣，就叽叽喳喳地把所有小光团都啄了一遍。

每一只神兽都为小燕子们送上了自己的祝福。

"最后，"凤凰说，"还有你，我亲爱的燕子，我祝愿你一生都幸福快乐。"

当凤凰说完最后一个字的时候，清晨的第一缕阳光照在了屋顶上。燕子妈妈眨眨眼，所有的神兽都回到了自己的屋檐上。十里长街静悄悄的，一切就像没有发生过一样。

突然，燕子妈妈看见在太阳照射下，有个小东西在她头上动了一下。她以为是一只飞虫，本能地抬起头就去啄，却什么都没有啄到。当她看到细碎的光芒四散开来，才明白过来，这是凤凰最后送给她的那个祝愿。

燕子妈妈抖了抖翅膀，开心地飞起来。她围着屋顶的凤凰绕了两圈，说了声谢谢。然后就消失在清晨的薄雾中，给孩子们找早餐去了。

市井生活故事

蔡缸爿：路桥的阿凡提

○ 土根 整理

　　一提起阿凡提，大家都会会心一笑，这个以机智著称的维吾尔族大胡子，头戴小花帽，倒骑小毛驴，踢踢踏踏，走街串巷。其实我们路桥也有个阿凡提式的人物，他就是鼎鼎大名的蔡缸爿，一个笑话一箩筐、活在台州老百姓心口间的人。

真实的蔡荣名

　　蔡缸爿真名蔡荣名，字去疾，别号籔凡，路桥街人，出身书香人家、仕宦门庭：曾祖蔡余庆，明成化二十三年（1487）丁未科进士，汀州知府；祖父蔡绍科，举人，大理知府；小叔蔡宗明，万历十七年（1589）己丑科进士，礼部郎中。

　　蔡荣名少时就聪明异常、才华横溢，十七岁时考中了头名秀才。明代以"程朱理学"为根本思想，而他却喜欢先秦古文、唐诗宋词。二十多岁，蔡荣名到

杭州考举人，题目当然是《四书》《五经》里的，又要做起承转合的八股文，他一见就头痛，在考卷上抄了一首李白的《嘲鲁儒》，讽刺那些迂腐不堪的先生们。考试官看了，气得发抖，在试卷上批了"狂生"两字，蔡荣名落榜了。

不过明代也不是没有人反对"程朱理学"和"台阁体"（八股文）的，"前后七子"均倡导"文必秦汉，诗必盛唐"，以复古来改变文风。万历十年（1582），二十四岁的蔡荣名不甘埋没人世，到南京谒见当时的文坛领袖、"后七子"首领、南京刑部尚书王世贞。王世贞一见蔡荣名的诗文，大为赞赏，留他于府中款待。两人意气相投，王世贞陪他在南京玩了几天后，又将他带到太仓老家，盛宴招待。

蔡荣名性格豪放，不因为王世贞是高官而有所拘谨，开怀畅饮，不醉不休，醉后赋诗，更有神来之笔。王世贞赞道："小饮犹倾三百杯，大醉须眠一千日。"

一天，他乘兴离席，拿着斟满美酒的玉杯边走边喝，游览王家大花园——弇山园。园中有大池，池上有石拱桥。王世贞陪蔡荣名登上桥头观赏荷花。谁知醉醺醺的蔡荣名一脚踏空，跌落池中。丫环、书童们立即大呼道："秀才中湿（式）了！秀才中湿了！"从水中钻出来的蔡荣名道："我还没中式（中举）呢。"王世贞哈哈大笑，对他说："中式不中式不要紧。游够了吧，快上来。"蔡荣名上岸换了衣服，王世贞请他到书房品茗，拿出摔碎的玉杯，对他说："你摔碎了我的玉杯，必须赔！要一炷香之内写好《玉杯赋》。"蔡荣名沉吟片刻，一挥而就，其中有："南山美玉显身兮，无人识其为珍！越国野鸟投林兮，梧桐招栖良禽。玉杯摔兮吾躯全，山池深兮蛟龙眠。龙非池中物兮，风云会兮将升天！"王世贞接过一看，称佩不已，连说："好！好！好！"当即写了"豪士堂"三字相送他，并题了一首诗：

　　　　老来朱弦倍可怜，那能对尔不蝉连。

> 名从元礼门中得，酒爱知章水底眠。
> 物色要搜瀛海外，风流须向建安前。
> 莫夸仙骨天台易，不浅丹房二十年。

把蔡荣名比喻为"酒中八仙"贺知章和建安诸子。

月余，蔡荣名辞别，王世贞深感他文才卓越而生不逢时，惋惜道："纵然茂才冠东越，自有微尚依西京。"

自此之后，吴越文士皆知蔡荣名之名。但蔡荣名仍然连考几次都没考中，终其一生，是个穷秀才，只有小叔蔡宗明珍重他的才华。一次，他们同游天台华顶太白读书堂，半路上忽然风雨大作，同游的人都到树林里去躲雨，蔡荣名却冒雨登上顶峰。回来索酒高歌，一口气写了十多首诗，其中有一首：

> 三十年来此壮游，谪仙台上望瀛州。
> 长风万里寒蓬散，吹响沧溟蔽蜃楼。

一个秀才每月领六斗米，蔡荣名由于"遭时坎坷，四壁萧条"，经常遭到一些势利之徒的白眼，因此更加纵情诗酒，玩世不恭。小叔宗明说他"或遇贤豪贵介无所不狎侮，或与畦隶者把臂，樵牧者衔杯"，可见他所要侮弄的是当时社会上的豪贵，而与他一起把臂同饮的却是田农、樵牧、隶卒。

蔡缸爿的由来

○ 土根　整理

　　路桥下里街是个单边街，一边街面，一边靠河，便于缸罐运输，人们称为"卖缸埠头"。农历三、八集市日，河里赶来了卖缸船，岸上堆满了盆子、碗、盏、罐、坛、缸。而单边街面上也全卖陶瓷器，只是比卖缸船上的价格贵一些，因此市日里人们都到河岸边买盆碗盏和缸罐，而平日只好来街店买。

　　一天，蔡荣名外出回家，偏偏下起雨来，而他没带雨具，只好站在卖缸街檐下避雨。这天恰逢市日，生意清淡，不到中午，一些船主就把陶瓷器从岸上往船上搬。

　　"这么早就要回去？"一个大嗓门响了起来。蔡荣名看过去，此人正是街面上的卖缸老板。

　　"是啊，今天下雨，一只缸都没卖出去，早些回去。"卖缸客说。

　　"回去好，回去早些抱老婆。不过，你今天的摊税还没有付呢？"

　　卖缸客立即堆下笑脸说："江老板，今天生意差，一只缸都没卖，真的没钱，下次一起给你吧。"

　　"这怎么行呢？四甲应人，好像你上次的摊位费也没有给我。"江老板一边说，一面巡看着卖缸客的器物。

　　"江老板，你忘了吗？我上次给了你四文钱。"

　　"是啊，你占的地大，你的摊税我要收五文钱，所以你没有交足。"

　　"江老板，你怎么好这样说？一直都是四文的。"

　　"现在不够了，现在要五文钱。"缸老板用手轻敲着缸，"这只缸卖多少钱？"

　　"这只缸卖五十文呢。"

　　"好，我就要这只缸。"

　　"江老板，这只缸要五十文，既然江老板要，就少五文吧，除去摊税，你就给我四十文吧。"

　　"四甲应人，你想错了！我不要整只缸，我只要其中的十分之一缸片。"说着就从店里拿来一把锤子，装成要敲缸的样子。

　　"别这样，别这样！江老板，我把摊税给你。"说着赶紧从怀里摸出五文钱，递给江老板。

　　江老板没接，说道："你不是没有钱吗！这钱是哪里来的？"

　　卖缸客哀求道："江老板，你行行好，高抬贵手吧！"

　　"不行，平时我只要五文钱，今天我一定要加倍；否则，我就要从这缸里取。"

　　卖缸客无奈，只好付给江老板十文钱，才把缸装上船，懊丧离去了。

　　蔡荣名看到这情景，十分气愤，本想去干涉，后来转念一想，忍住了。

　　过了几天，蔡荣名来到下里街江老板处，东看看，西看看。江老板赶紧过来招呼："先生，你想买什么？"

"我想买一只大水缸，可是我家在上街，水缸这么大，怎么拿得去？"

"先生，你放心好了，我可以叫人送去。"

"运费一定很贵吧？"

"不贵，只要五文钱就够了。"

"五文钱？听说在市日买船里的缸，把缸运到地，不用运费。"

"不用运费就不用运费。先生，你想买哪只缸？"

"就这只吧。"

"这是七石缸，要一百文呢。"

"听说市日船里七石缸只要七十文。"

"质量没有这里的好！"

"看看都差不多，怎么知道？"

"你如果打碎来看，这里的缸结实，船上的缸松散。"

"可是我身边没带多少钱。"

"没关系，你只要付十文钱，我就把缸送到你家，你再把余下的钱付清。"

于是蔡荣名付了十文钱，拿了收据，告诉缸老板自己家里的地址，离开了店。

不久，江老板把缸送到了蔡荣名家。

蔡荣名说："是那只缸吗？"

江老板："当然是。你不会让我把缸送到你家再打倒耙吧！"

"不会，不会，我钱都已经付给你了，还打什么倒耙？"

"这样就好，把剩下的九十文钱给我吧。"

"什么九十文钱？江老板，我说过要买整个缸吗？我只买这缸的十分之一呢。"

江老板叫道："这怎么行？你们听听，哪有买缸买十分之一的？"

周围群众听到争吵声，都围了过来。

蔡荣名不慌不忙地说："买缸买十分之一，我是听你说的，你不是对四甲应人卖缸客说，他欠你五文钱摊税，你要买他缸的十分之一吗？怎么这么快就忘了？"

江老板见说不过蔡荣名，立即改口说："我不卖了，我还你钱。"

蔡荣名抓住江老板不放："这怎么行呢？你收了我的钱，一定要把我所付钱的缸卖给我。"

江老板大怒，拿起锤子，把缸敲得粉碎，拿起碎缸爿，对蔡荣名说："称吧，称吧，你称十分之一去。"

蔡荣名却一点不生气，竟然拿秤称了十分之一去，说："江老板，剩下的你拿回去吧。"

江老板叫道："你这无赖，你这蔡簸凡，我把这缸爿都送给你，你这蔡缸爿！我一定要告你！"

"告吧，告吧，我才不怕呢！"

当然，缸老板自知理亏，没有去告。通过这件事，人们就编个顺口溜："蔡缸爿，买水缸，水缸不买买缸爿。"一传十，十传百，"蔡缸爿"的外号就叫开了，而"蔡荣名""蔡簸凡"倒被人忘了。

蔡缸爿"种"老酒

○ 土根 整理

　　石曲街有个赖财主，待长工很苛刻，农活比别家多，工资却比别家少，于是长工们都不到他家做工。这一年春耕已到，赖财主还雇不到长工，心里很焦急，扬言谁到他家做，工钱双倍。泉井有个农民叫叶小豆，听到这个好消息就来做长工。赖财主和他订了契约：认真做事，工钱双倍；做错一件事，扣回工钱。

　　从春到夏，从夏到冬，叶小豆小心翼翼，总算没出差错。眼看到了年终，赖财主要祭天地、供祖宗，叫小豆去买酒。小豆问："买多少？"财主回答说："两斤酒。"小豆提着酒壶买了回来。财主问："买了多少？""两斤。""什么，两斤？我叫你买两斤九呀，你怎做事这么不上心？""那么我去补买。""不用补了。你做错了事，按协议扣回工钱。"小豆说道："你扣吧，大不了扣九两酒钱，快把其余的给我。"赖财主说："我说过只扣九两酒钱吗？"小豆说："那你要扣多少工钱？"赖财主说："当然要扣回全部工钱！"小豆说：

"你不能这样，我做了一年，其他事都没有做错，你不能扣我全部工钱！"赖财主说："我只知道按协议办事，不知道有什么可通融的。"

就这样，叶小豆回到家里，妻子蔡氏见他垂头丧气，问道："工钱带回来了吗？"小豆哭丧着脸说："都被财主扣去了。"蔡氏问："你做错了什么事？""我什么事都没有做错。"小豆就把买酒的事说了一遍。蔡氏气愤地说："这不是存心捉弄人，想赖钱吗？"于是去找堂兄弟蔡荣名。

蔡荣名听到他们的诉苦，知道是被赖财主耍了，说道："不用发愁，我会给你要回来的。"

第二年春耕，赖财主知道去年的长工是不会来了，于是又扬言工钱双倍找新长工。蔡荣名听到后，立即穿了件破衣裳来应差。财主看见蔡荣名虽然穿着破旧，却不像干活的人，但眼前找不到更好的人，只好将就了，于是问道："你行吗？我的工资虽高，但完不成工作或做错了事，都要扣工钱的。"蔡荣名说："当然的。但你如果存心耍我，也要加倍罚款。"于是他们也订了协议。

该种子落泥了，蔡荣名从仓里取出稻种，称了称，去对财主说："老爷，本来仓库里有稻种两百多斤，但被老鼠吃去了一些，现在只剩一百九十九斤九了，该种多少？"财主说："那就种一百九十九斤九吧。"蔡荣名说："好。"

财主离开后，蔡荣名就把这一百九十九斤九的稻谷分给了在赖家的其他佣人，然后，回去睡闲觉。

过了十来天，别人田里的秧苗都长高了，绿油油的一片，可是赖财主家的田里还是不见一棵秧苗。财主赶快找到蔡荣名，问："别人的田里都出了秧苗，我家的田里怎么不见秧苗？"蔡荣名慢条斯理地说："这有什么奇怪！别人家撒的是谷种，你家的田里没撒谷种。"

"什么？谷种还没下地呀！谷种都到哪里去了？"

"谷种都换成酒了。"

"那么酒到哪里去了？"

"老酒都倒到田里了。"

"什么？你在耍我！你要赔我的谷种和田里的收成！"

"恐怕不能够吧？你不是说，要我撒一百九十九斤酒。"

"我说过吗？"

"当然说过，你家的其他佣人都听见。"

佣人们说："我们都听见了。"

赖财主气得发抖，一心想把蔡荣名告上官府。可是他一打听，蔡荣名就是大名鼎鼎的蔡缸爿，他的祖上及小叔都是进士，是无法告倒他的。赖财主怕蔡缸爿继续留下来又要弄出更多坏事，只好把全年的工资都给了蔡缸爿，打发他一走了事。

蔡荣名就把这一年的工钱给了叶小豆。

长街故事

抬粪过桥

○ 土根 整理

路桥南官河上有许多桥，其中有一座年久失修，已经坏了。当地老百姓集了一笔款子，交给保长，叫他尽快把桥修好。谁知保长是个无赖，终日吃喝嫖赌，把修桥的钱花光了。大伙见保长没有修桥，跑去问他。保长说，钱不够。大伙又凑集了一些钱交给他。保长见大伙这么容易愚弄，又把这钱吞了，桥还是没有修。群众恼火了，上门责问。保长就脱光衣服，站在门口，恶狠狠地说："钱没有了，要命有一条，谁来拿！"大伙见他耍无赖，只好退去了。以后保长怕大伙继续来闹，叫人用三根木头架在河面上，说桥修好了，可以走了。由于桥由三根木头架成，人们戏称它"三桥"。

三根木头架的桥，只能容一人通过。要是对面也有人，必须等这边人先过去，那边的人才能过来。要是刮风下雨就更难走，不小心会掉下河去，因此提心吊胆，乡人都有怨言。

有一天，一个老头挑着一担粪过桥。他一只脚刚

踏上桥，未站稳，忽有一个年轻人突然跑过去，扶住扁担说:"阿公，你挑这么满满一担粪过桥，太危险了！"老头说:"危险也得过呀，我小心就是了。""不行，不行，桥这么窄，担这么重，一晃就掉下去，不得了！""总不能不挑过去呀！""这样吧，我帮你抬过去。"年轻人显得很殷勤，老头十分高兴。

就这样，年轻人帮助老头将一桶粪抬过了桥。放下粪桶后，年轻人转身就走。

老头见状，急忙叫道:"小兄弟，别忙着走，帮我把那一桶也抬过来！"

年轻人回过头来说:"阿公，你这人好没道理！我帮你抬过一桶粪了，你还要我抬第二桶啊，这不是得寸进尺吗？"

老头哭丧着脸说:"你不能放下不管，一桶在这里，一桶在那边，你叫我怎么挑？"

"怎么挑？问你儿子啊！如果桥修好了，你要怎么挑就怎么挑。"年轻人说完，扬长而去。

旁边的人见状，哈哈大笑起来。

老头大怒说:"这家伙，比蔡缸爿还坏。"

有人说:"他就是蔡缸爿。"

大家指手画脚，都说"活该，谁叫你生出这样的儿子"。

老头知道上当了，真后悔自己老眼昏花，没看清碰上蔡缸爿，只得回家再拿来一只粪桶，把未抬过去的粪分成两半，挑过桥。

老头从地里回到家里后，把当保长的儿子叫到跟前，大骂一通:"你如果不把桥修好，我就把你'送不孝'，把你从家里赶出去，我不要这个儿子了。"

保长总算还有点孝心，只得把桥修起来，乡亲们可以宽畅地过桥了。不过这座桥仍然修得不够好，后来人们还是把它拆了，在它的近旁，重新修了一座桥，这就是真正的三桥。

农妇巧斗蔡缸爿

○ 土根 整理

　　一天，蔡缸爿骑马到白枫桥去，见一个认识的农民老丁正在插秧，打过招呼后，蔡缸爿突然来了兴致，问道："丁哥，你知道这丘田栽几株秧苗？"

　　老丁说："不知道。"

　　"数一数吧，明天我回来，你告诉我。"

　　老丁回到家里，呆呆地还在想田里的秧苗。老婆问他想什么事，他就把碰见蔡缸爿的事说了一遍，叹了一口气说："要知道田里的秧苗直几行，横几行还容易，但要知道栽了几株就难了。"老婆说："这有何难，明天他回来，你就这样……回答他。"丈夫听了大喜。

　　第二天，蔡缸爿从白枫桥回来，又见到农民老丁，谈起昨天的事。老丁说："我的田是十万株秧苗，你要不要数一数，看我说得对不对？"蔡缸爿只好说："不用了，我相信你。"农民说："不过我也要问你一件事：你经常骑马，你能告诉我你的马尾巴有几根毛吗？"蔡缸爿大吃一惊，说："这是谁叫你问的？"老丁洋

洋得意地说："是我的老婆。"蔡缸爿惊奇地说："你老婆真不简单！"农民说："她叫我把你请到家，她正在做好吃的等你呢。"

蔡缸爿一听见请他吃饭，十分高兴，就跟着来到老丁家。老丁的老婆正在烤糯米饼。蔡缸爿一只脚踏在门槛外，一只脚迈进门里，问道："大嫂，你知道我现在是走进，还是走出？"

丁嫂正拿着刚做好的饼，还没有贴锅上，说："先生，你知道我这饼是这面贴下，还是那面贴下？"

蔡缸爿没法，只好走了进来；而丁嫂也把饼贴上。饼在丁嫂的烤弄下，两面金黄，油光光的香气扑鼻，诱人胃口，而蔡缸爿已有些饿。丁嫂拿起一只烤好的饼，递给蔡缸爿，蔡缸爿正想接，丁嫂却缩了回去，说道："蔡先生，你知道这饼是东头田里的谷米做的，还是西头田里的谷米做的？"蔡缸爿回答不上。丁嫂又问："蔡先生，你知道东头田里的米做的糯米饼好吃，还是西头田里的米做的糯米饼好吃？"这下子蔡缸爿能回答了，赶紧说："都好吃，都好吃。"抢过糯米饼，吃了起来。

吃过半只饼后，蔡缸爿觉得肚皮不太饿了，又来劲了。说道："大嫂，你这么聪明，平时你丈夫怎么管得了你？你丈夫管不了你，又有谁管得了你？"

丁嫂说："我有一个儿子，他倒想管我呢！"

蔡缸爿问："你儿子在哪里？"

丁嫂说："他刚吃过我做的饼呢。"

蔡缸爿不说了。但当他把饼吃完后，又来劲了："大嫂！大哥说，你昨夜又喝了大哥小酒壶的酒。你这样喝下去,肚皮不胀吗？"

丁嫂说："一点也不胀，我已经把它吐出来了。"

"吐到哪里去了？"

"吐成一个人，正在和我说话呢。"

蔡缸爿知道说不过丁嫂，只好老老实实不再发话。

蔡缸爿吃杨梅

○ 李昌定 整理

很久以前，夏至杨梅满山红的时候，路桥十里长街上卖杨梅的人很多，有一伙小青年刚好走到东岳庙前，远远看见蔡缸爿从北头走来，人家都说他才智过人，几个小青年想试探一下他的才华。就在边上买了一篮红得发黑的杨梅，请蔡先生过来吃杨梅。

蔡缸爿和他们一边吃着杨梅，一边说笑。那几个小青年把杨梅娘（核）偷偷地丢在蔡先生身后。他们一起吃完那篮杨梅后，一个小青年故意指着蔡先生身后的一堆杨梅娘，说："哎呀，这么多杨梅娘，蔡先生，你一人吃了多少杨梅呀！一定是馋坏啦！这篮杨梅钱应该你付啊！"在旁的小青年都附和着说："是也！蔡先生，这篮杨梅钱应该你付啊。"说完大家都哈哈大笑起来。

蔡先生不慌不忙地站起来说："看来，我没有你们那么馋。要不，你们怎么连杨梅娘都吃下去了呢？"

蔡缸爿戏弄王公子

○ 李昌定 整理

话说那一年的元月十五夜，路桥十里长街闹花灯，白布从邮亭鞭到磨石桥。五保庙里人山人海，热闹得很；儿童拖着兔灯、鱼灯、蝴蝶灯在长街青石板上走来走去十分活泼；还有滚狮子、滚龙灯等等，看得人眼花缭乱，人流比三、八集市还要拥挤。蔡缸爿与家人一起在街上看花灯，到晚上九点时，家人先回家了，他觉得肚子有点饿，走进了阿娇开的小饭店。

饭馆里坐着一帮 20 岁左右的公子爷正在吃着夜点心，他们终日吃喝戏耍，无所事事，有时还打架斗殴。见大名鼎鼎的蔡缸爿也进来吃夜宵，忙跟他打招呼，开玩笑。一阵说笑过后，他们的夜宵也吃得差不多了，一向自以为聪明的王公子起身走到门口，两脚跨在门槛上，有心想为难蔡缸爿，让他出点洋相。就问蔡先生："你现在知道我走进还是走出，用一句话来猜，如果猜对了，我给你付夜宵钱，猜错了，你付我的钱。好吗？"自以为是包赢的王公子，以为蔡先

生不敢跟他打赌。哪知蔡先生马上站起来说:"听好了,讲话算数,谁赖了,谁就是小狗。"旁边的人都鼓掌赞同。

只见蔡先生不紧不慢地走过去,凑到王公子耳朵边说:"你不是走进就是走出。像店里的小狗一样不是跑进就是跑出。"王公子听完呆住了,刚才包赢的劲也没了,像漏了气的皮球。阿娇知道蔡先生赢了,马上鼓起掌来,蔡先生忙叫王公子去付他的夜宵款。

蔡缸爿与饭店嫂阿娇过招

○ 李昌定 整理

　　很早以前，有个风和日丽的冬天，中午已过，蔡缸爿听故事聊天，饭还没吃，他又来到阿娇开的饭馆吃饭。

　　阿娇人好心好，她开的饭馆中午一过也闲了下来，见蔡先生匆忙进来，有意套套他的来路。她说蔡先生是个大名人，今天何处风将他吹到这里，让她这小饭馆也蓬荜生辉。先生讲，哪里，哪里，我去老街上听故事，出来后跟老伙计们又聊天，忘了吃饭。感觉肚子饿了，就想到阿娇了。阿娇追着问，说他听什么故事，竟然忘了吃饭，可否讲来给大家听听。蔡先生说，他讲了，叫阿娇也讲一个，阿娇当即同意。

　　蔡先生说，在明宪宗孝宗年间，我们老街南栅居刘家，出了个大名人刘致中，在家苦读，中了进士，任过溧阳训导，祁州官，后又到建宁穗府任通官，他改制革新，正气凛然打黑恶，查腐败，使当地百姓安居乐业，政绩斐然，朝野盛赞。荣归故里后，用自己的积蓄帮助孤苦家庭，百姓好评如潮。现在南栅又出了举人刘梦龄，在广西那边做大官，清廉政绩名声远扬。南栅真了不起啊！阿娇说，原来听我们老街名人的故事，怪不得先生忘了吃饭。他接着跟阿娇说，当年他17岁，县里头名秀才，可到省里考举人，次次名落孙山。他的父亲、叔父都是堂堂的进士，他的家庭是名门望族啊，现在却一事无成，自感羞愧啊。

阿娇接过先生的话说，叫他也不要灰心，人生长着呢，三百六十行，行行出状元，有的是机会。她的故事也是听来的，就讲路桥，离现在约二千五百年前，徐偃王避战南逃到路桥升谷寺地方，兵营扎在士岙村的山岙里，上面的山叫徐山，前面的河叫徐山泾，寺边有徐偃王墓、建有石室，两侧有龙山、蛇山、龟山守护，……他们来路桥后还在石滨小人尖设坛祭祀，是路桥最高级别的历史人物，他的到来，给路桥带来了文明。

是的是的，我也知道。蔡先生说完抬头看了看屋上的灰雕后说，我们继续讲，我讲上句，你讲下句，或调换讲，我输了付双倍酒钱，你输了，酒钱免费，问同意否。阿娇讲，要说大家看得见，熟悉的东西，如边上屋顶的灰雕。

蔡先生就说好，那屋顶上雕着双龙和珠子，叫什么成语。双龙戏珠。阿娇马上答案出来了。雕着鱼儿叫什么，年年有鱼。雕着燃烧的火球，叫红红火火。

阿娇说暂停，让她说开头，先生说成语。先生亦同意。屋上雕着凤凰，叫什么，先生说丹凤展翅。雕着龙和凤又叫什么，龙凤呈祥。雕着鲤鱼和龙门，鲤鱼跳龙门。

接着又是什么吉祥如意、花开富贵、百鸽围台、三星高照、风调雨顺、三英战吕布……

两个人你来我往，分不出胜负。蔡先生灵机一动，话题一转，马上说老街上的石板，阿娇马上抢过来说古庙上的黑瓦，然后两人同声说，数不清。

阿娇又提议讲前面月河上的船，船上载着的石板，就说这石板是从哪里运过来的。蔡先生认为这不是更简单了，表示同意，然后说这条船上的石板，是从温岭长屿石板仓运过来的。阿娇说是黄岩山下廊石板仓运过来的。这船头是朝南的，船是西北黄岩方向来的，要是长屿来的船，船头朝北，长屿在路桥的东南方向。可蔡先生还是不肯认输，阿娇大笑起来，叫他自己去问问船老大。蔡先生回来说果真如此，愿甘拜下风。

　　边上的人夸赞阿娇说，讲功还是饭店嫂。阿娇说，我这里来来往往的人多，听多罢了，哪里比得上蔡先生的满肚子学问呢。

蔡缸爿智退窃贼

○ 李昌定 整理

话说明朝年间，东南沿海盗匪倭寇横行，人心惶惶。

有一年寒冬深夜，蔡缸爿一人在家，睡梦中被淅淅沥沥声响惊醒，原以为是下雨了，仔细一听自家屋后有撬门及破窗的响动，不一会，听到有人上楼的轻微脚步声，似有好几个小偷。家里楼上刚好存放着几十贯铜钱，准备建房买材料用。他马上想到，如等小偷进了卧室，发现他一人，贼胆就大了。急中生智，马上高声大喊老婆，快醒醒，今夜是不是有两只大老鼠进屋了，一直在咬门和窗，搅得我睡不好觉……

两个小偷一惊，这家夫妻都在家，边上又有邻居，现在两人都醒了，偷不成了，要是被发现抓住了，还要坐牢，做贼心虚，偷偷地溜掉了。

蔡先生估计小偷出门了，点起蜡烛，穿衣下床，手握木棍下楼查看，后门果然半开着，门边留有明显被小偷撬过的痕迹。蔡先生重新关好房门，庆幸自己深夜遭小偷有惊无险。

阿娇登山

○ 李昌定 整理

　　话说，很早以前，有个正月初的上午，老街阿娇饭馆还没开业，街坊邻居一大帮人吃了早饭，说好都要去爬石浜山大人尖，要征服路桥的最高峰。

　　走到半路上，刚好碰到蔡缸爿，他也想去爬石浜山，自然地加入了爬山的队伍。他们首先来到石浜山麓的普泽寺进香，然后开始登山，起先一行人看着沿途的优美风景有说有笑，慢慢地，说笑声小了，不一会到了小人尖，在那里稍作休息后又继续登山，向着大人尖进发。随着山势增高，山路越来越陡，脚步慢慢变得沉重，头顶的太阳照在脸上，每个人都热得难受，但山上的风景越来越好，蔡先生停下了脚步，脱了一件厚重的外套，坐在一块岩石上，心花怒放地吟起了唐伯虎的登山诗，"一上一上又一上，一直上到高山上。举头红日白云低，五湖四海皆在望。"这时大家竖起了大拇指，都为蔡先生点赞，都说此诗代表了大家此时此刻的心情。接着都坐在山路边的石头上

休息，有的在脱衣服，有的在擦汗，有的在喝水。这时阿娇也用了一句饭馆里看得见的话，自言自语地说了句，此时此刻的感受，说自己像蒸笼里的炊炊饭一样闷热。蔡先生马上接过话说，阿娇，可否将他随身带的一株白米糕，放到她的蒸笼里面炊炊汤，热一热，中午到山上好吃。阿娇一时还未听清楚，边上的女同胞可听明白了，忙帮着说，你个蔡缸爿，想占我们女人的便宜，先叫他的白米糕拿出来给大家看看，到底有无带来。说完边上四个女汉子，马上一起过去，将他提了起来，蔡先生连声求饶，说自己白米糕没带来、没带来。阿娇连忙摘了边上的树叶，塞到他嘴上，问他讲话乱讲勿乱讲。引得登山人捧腹大笑。

一阵热闹过后，他们又继续爬山，不一会就登上了大人尖主峰，欣赏到了在山下看不到的路桥美景。回来的路上个个觉得玩得开心，一辈子都忘不了这个搞笑的蔡缸爿。

大力士王星亮的故事

○ 应有胜 口述　杨锦霞 整理

清光绪三十三年，一个月明星稀的夜晚，路桥牌前居的小阁楼里传出一声嘹亮的啼哭，随着婴儿呱呱坠地，窗外的一颗星突然明亮起来，刚好映照在产房的高脚桶里，如一颗闪耀的钻石般璀璨夺目，刺得人睁不开眼睛。接生婆见此异象，讨喜说孩子将来一定飞黄腾达，非同一般。孩子父亲就给取了个吉祥名字叫王星亮，小名四和尚。

王星亮后来虽然没有稳婆所说的青云直上飞黄腾达，但武艺非凡治病救人，照亮百姓生活，造福一方，也正应了稳婆的这句话。

王星亮从小家境贫寒，2岁丧母，8岁遭遇父亲生病离世，孤苦伶仃。只读了2年私塾被迫辍学，到祖籍嘉兴王店学篾匠。他刻苦学艺，到了第3年，上山砍竹如削泥、劈竹编筐织篮巧手如飞，有一天，和尚化缘经过，看到王星亮的竹编木鱼栩栩如生，甚是喜欢。就悄悄地问："小施主，想不想学武功啊？"

听说武术能强身健体、治病救人。少年王星亮眼前一亮，连连说："好啊，好啊。能带我去吗？"拜别师傅后，王星亮跟着和尚，一路风餐露宿，饿了就摘野果番薯藤充饥，渴了就喝山泉，慕名寻找到少林寺出家的名师——浙江国术馆教官、江南大力士周荣江先生。

每天天刚麻麻亮，他就起床跟师父上山习武，苦练本领，寒来暑往，风雨无阻。学"铁担两头锤打五花"时，180斤重的石担（用毛竹棍左右串起两块石臼，类似现今的杠铃）压得顶部头皮反复生疮流脓结疤；练"大刀套路打五花"中，大刀甩得浑身伤痕累累，但他从不吭声叫苦。皇天不负苦心人，终于练就一身绝技。六寸铁圆钉，"啪"的一声徒手掰断成两截；足蹬千斤"叠罗汉"稳如泰山，仰卧在地毯上，两足朝天蹬，两足心均放上铁担两头锤各一副，每副重120斤，在铁担上站立八九人中，持铁担两副，加起来总共一千五六百斤的分量；铁担石锤在头顶上如纺锤般旋转虎虎生风，两头锤从上下旋转，旋到头顶，顺势落入背部，穿两腋下转上颈项，又滑入腰部，最后旋转到腹部等五处，称作"打五花"。最可观的是，两头锤上用铅丝绑上煤油浸湿的棉絮，点上火，夜间打五花时火花四溅，犹如火龙缠身，令人目不暇接。

一晃过去八九年，昔日清瘦少年出落成身高1米8左右、身材魁梧的小后生。王星亮不仅刀枪剑戟十八般武艺样样精通，还学会了跌打损伤整骨医术，师承"十三太保"等祖传伤药系列秘方，配制麝香膏药治病救人。

抗战前学成归路桥故里，购宅居住在中桥良容理发店对面，开始带班到黄岩、温岭、路桥等地走江湖。平素里一身中装束腰带打扮，朴素干净。时常搭篷话月巷三门下空地，以刀枪剑戟拳击等武功义演聚众开场，推行武功医伤。亮相前，一班人吹号，敲锣打鼓，从邮亭游行到下里街，每次观众闻风，争先恐后围拥在表演场地千余人，密密麻麻里三层外三层，等到亮相队伍回来

时已挤得水泄不通；全队进场时，也不叫让，首先表演"直穿人墙"艺术，他们两手叉前如蛙泳状，穿越人墙如入无人之境。

话说最惊险的"钉山打石"表演，用五寸圆铁钉，以三公分行距钉在长一米、阔半米、厚五公分的木板上，钉尖朝上，放在已铺好的地毯上，就是所谓的钉山。观众听到一声大喝，只见大力士王星亮脱光上衣，凝神聚气，肌肉隆起如三角形盾牌，由两人给他笔直放倒，一人抬头，一人扛脚，平放在钉板上，再有四人抬来一块长约一米，阔约 40 公分，厚约 30 公分的长方形石板，压在胸腹上，唱一段京腔后，左右各站一人，手持长柄铁锤，一声哨响，手起锤落，1000 多斤重的石板，硬生生地被敲成两截，众人大惊，为他捏了一把汗，有胆小的孩子掩面钻进人群，见过世面的男人们定睛望去，此时的王金星亮竟然面不改色。但见他一个鲤鱼打挺跃身而起，"好！"围观的群众齐刷刷拍手喝彩。大力士起立后，背部毫发无伤，仅见钉痕入肉三分、钉尖红晕，没有一处出血。有一次农历三月三泽国迎神赛会时，阮家老爷邀请他在三衢桥上钉山打石，扛来一块石桥栏板约千斤重，他仰卧在桥上钉板中，石桥板压上胸腹部，结果也被打断，石头落入水中而名闻温岭全县。

接下来的转手卷铁板让人不敢相信自己的眼睛，只见他两臂内敛运功，将铁板一头踏在脚下，一头拿在两手中，1.5 厘米厚、两个巴掌宽，长约 1 米的铁板，竟被他如妇人缠毛线般，轻而易举地缠上 2 至 3 圈。有人不服气，怀疑钢板是软的有猫腻，来了二三个人抬起铁板用力去掰，不料纹丝不动，王星亮拿回手中却很快把它捋直了，众人心生佩服。

"徒手拉小包车"表演简直让人匪夷所思，大力士王星亮站在四人座小包车后，一手拉住车后挡板，让司机开足马力，只见后车轮滚动，车子却如钉在地里一般，被大力士拖拽着不能前进半步。观众赞不绝口："真是名副其实的大力士"，"如果他生在前清科举

时期，起码是个武举人了"。以上现场武术表演照片，在摄影师谢文卿先生的天胜照相馆里至今保存完好。

1961年国家提倡武术强国。王星亮倾囊相授，只要作风正派的，都肯传授武功。他收徒前，先教学生压腿，能练成口含脚趾技艺的，才收为徒弟。认真培养，如陈三玉、王国富等，都练就一身好武功。

王星亮以武功医伤，有很多独到之处：但凡做挑担等重生活人，常有闪腰伤者，经王先生一番点按拿捏，不等伤者呼痛，已从对方龇牙咧嘴、躲闪挪移的动作中探出痛点，迅速抽出半尺见方麝香膏红纸药贴，撕下一张旧书簿纸，划根火柴点燃，凑近烊化药膏，对准痛点"啪"一声，掌心揉按几下，"膏药上身，毛病断根。"不出三日，伤者就劳作如常了。王先生有时附上伤药秘方；对旧伤、内伤运气推拿，当场见效，一传十传百，大力士医伤名闻遐迩，开创了路桥武功医伤先河。

王先生后来进入路桥医院工作，"文化大革命"时期遇到一位来自温岭的农民，体态魁梧，肌肉结实，体重约160多斤，因跌伤引起肩关节脱臼（俗称落腕），曾求治台州医院，医生建议住院手术治疗，病人因生活困难无力支付，慕名前来请求大力士医治，先生同情处境，仅用一张特制短木梯为工具，将患肢穿过梯框，搁在横担板上为阻力，先生自己掌握肩部上下，经三人帮助，捏住手指及臂部，用力牵拉，拉了三次，因延误治疗时日，局部肿胀，肌肉收缩，用力未到，仍无法复位，病人一再恳求再来一次，大家齐心鼓足力气，拉得汗流浃背，"咔嗒"一声巨响下复位了。壮汉肩膀随即活动自如，贴药膏，服伤药，仅仅花了不到20元，三五天后，就可参加劳动生产，病人高兴得谢不绝口。

无独有偶，还有一位也是从温岭慕名过来的农民，跌伤引起股关节脱臼，因小伙子身强力壮，到处求医无法解决，辗转延误了五六天，无奈之下，家人用门板千里迢迢抬来，当时伤者大腿

根部肿得像吹起来的气球，经大力士武功治疗立竿见影，躺着来，走着回。此人后被验上参军，复员回来特意带上一捆糖梗登门道谢。

像上述例子，医伤整骨仅有诀窍，没有武功力气，对大关节脱臼要想整复难度就较大了，数十年来先生医好了这样伤患的病人，举不胜举，这是大力士医伤整骨的独到之处。

王星亮先生为人正直和善，20 余年来，兢兢业业，任劳任怨，医术大振。有人评价："昔年力士，今日名医"。

他在医院重视培养接班人，也留下了很多实用的拳谱，大力士王星亮无子嗣，武功秘籍全部传授给了关门弟子应有胜，据传应有胜母亲临盆前梦见一条大鲤鱼塞到怀里，后来生下了小儿子应有荣，现任路桥医院骨伤科名专家，人称"大胡子"，系天台山道家功夫传承人，也算是武功后继有人了。

王星亮长街开伤科

○ 王艳阳 整理

"晚头大操场有武术表演，大家都来望啊！听讲王星亮带了一班徒弟来表演。"民国时期，一则消息在路桥大街小巷迅速传播开来。"好格，好格，晚头饭早点吃，小凳头搬张坐前头，望望仔细点。"

"开伐，晚头一起去，王星亮的表演都说好看得很。"

夕阳偏西，往日空旷的路桥大操场已聚集了一大批男女老少，还有更多的人陆陆续续往这边赶，有搬来长凳的，有摇着蒲扇的，有肩膀上坐着孩子的……黑压压的一片人群，个个伸长着脖子等待着表演开始。

只听"咚"的一声响，开场鼓敲了起来。只见一位长相儒雅的男子走上台前，一件玉白短褂、一条束腰长裤、一双船形布鞋，他抱拳先向大伙问了声好。人群中就传来窃窃议论："来的这位就是王星亮吗？面孔长得怎不像个习武之人"。"你这就不懂了吧，人家是全才，既会武术，又懂医术，还唱得一口地道的

京剧呢。"

"初来贵地，请多包涵。我是王星亮，首先为大伙儿表演手卷钢板绝技"，话音未落，只见他的一个徒弟已拿上一张道具，那是一片约 15 厘米见方，一厘米厚度的钢板。只见他甩下上身短褂，一身结实的肌肉这才展露无遗。王星亮拿起钢板，先是用掌背轻轻叩敲几下，板子立即发出金属特有的清脆声。接着，他又说了一句："我邀请下台下的观众，有谁愿意上来，举个手好吗？"他随意点了两位上台，只见一位小伙子正反仔细看了看，马上交给了另一位，另一位中年人尝试着用它敲了一块地上的石头，确认它的硬度，随后交还给王星亮。

"有谁还有异议的，可以上来再检验一遍。"场子里一片寂静。"那好，请大家看好，现在开始了！"王星亮先将这块钢板放在旁边的桌上，稳稳扎起马步来，再深吸一口气，缓身拾起钢板。就像变魔法一般，冰冷坚硬的钢板在他的手中变得温顺起来，边缘一侧竟慢慢地向内卷起。突然他用力一蹬脚，手再一使劲，天啊！这片平面钢板竟被他像折纸一般围成了筒状，台下立即响起一片掌声。

如果说"手卷钢板"只是热身运动，那么接下来的"力托汽车"就更能见证他爆发的力量实力。那时路桥连自行车都极少见，更别提汽车了。当王星亮的徒弟开了一辆 1 吨半重的吉普车驶入场地时，现场马上掀起了一番轰动。大家都紧盯着这稀罕物，生怕它飞了一般。表演开始了，坐在驾驶室内的徒弟再次发动起引擎，"突，突——"的声浪席卷而来。说时迟那时快，只见王星亮三步并作两步拉住了车子，接着，他猛一使劲，抓住车子后轮，额上青筋根根突起，黄豆般的汗珠粒粒爆出，整个人像块厚实的大铁墩紧紧地贴着地面，大家都为他捏了一把汗。但见他大喝一声："哈！"奇迹发生了，后轮竟被他徒手抬了起来，脱离地面，致使已发动的吉普车无法继续前行。人群里一阵躁动，有人带头鼓掌，

大声喊："好啊！好！真不愧是大力士。"许多人突然好像回过神来，整个大操场顿时叫好声连绵不绝，大家雀跃着喊出"王星亮，大力士，大力士，王星亮……"

从此，王星亮的"大力士"名号就在路桥传开了。

这一年他二十多岁，第一次踏上路桥这片神奇的土地，从此就再也无法割舍了。

王星亮出身贫寒，父母早逝。少年时仅读过两年私塾，但他勤奋、好学。在他的老家杭嘉湖山里，十里八乡练武的人相当多。受当地习武风气影响，他自幼喜爱武术，聪明，悟性又高的他受名师"拳老本"指点，冬练三九，夏练三伏，硬、软二功都下过不少苦功夫。后来，十几岁的王星亮又跟随嘉兴的周荣江（在当地办有伤科医院）一边学武术，一边学医。王星亮练武涉猎极广，他以少林硬气功为主，兼太极，形意、八卦拳等。"梅花香自苦寒来，宝剑锋从磨砺出"。多年的勤学苦练，造就他十八般武艺样样精通。

又是五年出师后，王星亮自己开始带徒弟练武。因为武功强，医术高，常有爱好武术者拜他为师。练武之人，伤筋动骨在所难免。于是带徒时，他常用所学医术救治受伤之人。二十多岁后他开始游历江湖，带着一班徒弟以表演、医术为生。抗战前，他辗转来到路桥，并通过武术表演结识了一些道中朋友。当时县城有小黄岩，黄岩驼背，路桥有三玉等。

虽然闯荡江湖多年，见多识广，路桥人的热情与执着感染着他，十里长街繁荣的商贸深深地吸引了他。于是他选择定居在牌前话月巷，后来又在牌前岳庙边开了一间王星亮伤科医院。

那时还是民国时期，他的这间王星亮伤科医院与众不同，门口挂着"大力士"的招牌。他最擅长治疗骨折、关节脱臼等骨伤疾病。十里八乡，上门问诊者络绎不绝。

一个下雨天，一个肩挑卖糖担的阿公在街上摔了一跤，第二天脚背肿得像馒头一样。儿子将他背到王星亮这里，搀着他一瘸

一拐一拐地走进来。"阿公，双脚翘起让我看看。"王星亮不慌不忙地说道，用手在脚背上轻轻一摸一按一捏，马上就能准确地判断出是伤筋，还是断骨。简直跟拍了 CT 片一样直观。"没关系的，骨头没伤到，筋扭了。贴几贴膏药，换个几次，肿就会退掉。这几天，水不要碰。"寥寥数语，阿公和他儿子就像吃了定心丸，脸上愁容一扫而光。王星亮拿出一块纱布，用一竹篾挑了一块棕色的膏泥，涂平几下，贴在患处。说来也神，几日之后，阿公的肿消了，腿不痛了，又挑起糖担穿街走巷了。

又有一日，一对夫妻带着一个八岁的女孩找上门来，男人一脸愁容地对王星亮说："我家女儿被人撞倒，看过几个医生，都说手骨撞断了,这个位置接不了。王医师,你快看看,可有什么方法？"女人只顾在一旁偷偷抹泪。王星亮一听，也不着急，解开女孩上臂绑着的绑带，探出断骨之处。王星亮安慰道："可以接回，只是有些痛，让孩子坐好，人挺直，你们扶着她。"王星亮一边铺开一段长长的纱布，一边对女孩说："坐好，放松，很快就好。"他的手摩擦着，就势一扳，女孩叫了一声疼。就那么一两分钟，骨头就接上了。"好了，现在是不是感觉舒服些了。他递过一杯茶给女孩喝下，再拉起长纱布仔细绑好位置，嘱咐夫妻俩这些天要小心，防止女孩再次摔倒了。

有人说他开设伤科凭借武功技巧，开方膏药、伤药效果奇佳；为人"捉骨""接骨"，解人痛苦。经他之手治愈者不计其数，许多人被他高超的医术所折服，送来锦旗以示感谢，于是，王星亮捉骨、接骨在路桥很有名气。不过许多人认识他，最初却是从看他的武术表演开始的。

在当地，王星亮可谓无人不知的表演明星。不管是举办庙会，寿诞还是各类庆祝活动，人们纷纷邀请他去各处表演。人们啧啧称奇的硬气功"钉山打石"是王星亮的拿手绝活。每次表演开始，王星亮运足气功后，徒弟们拉上一块长约 50 厘米、2 厘米厚的特

制木板，只见上面钉有 200 多枚的 5 寸铁钉，钉头露出 4 厘米多，俗称钉山。每当钉板抬上，不由得让人暗暗倒吸一口气。王星亮则是不慌不忙，慢慢地仰躺着，他的背脊就紧贴在这块特制的钉板上，等人躺在钉板上后，徒弟们再在他的胸腹部压上一块一千斤左右的石条。然后其中一个徒弟挥动着大铁锤，只听"砰"的一声，石裂两半，千斤巨石就这样被瞬间敲断。观众还未回过神来，而躺在"钉山"上的表演的王星亮已站起来了，毫发无损。

他还有一个压轴戏叫"打五花"。只见他拿起一根长担，两边分别挂着 180 斤的石柱，压在头顶，撑开两手，让石柱担像风车一样转动起来，再转至颈、肩、腋下、后背。有时夜里表演，还会在两边石柱绑上沾了柴油的棉花，点上火。两团火焰随着头、颈、肩、腋、背，五处翻转，煞是好看。

王星亮蛮力比常人大，表演时尤喜舞春秋大刀。他能用铁铸的青龙刀"开四门""耍刀花"，一般人连刀都拿不住，更谈不上舞。只见他提刀在手，刷地亮开架势，身随刀移，明晃晃的大刀像一条白练围在身边自由地上下翻飞，左右盘旋。他的许多表演还糅合了杂技平衡的技巧肩膀上立一根大竹竿，上面还要站一个人表演。

他常对徒弟说："练功之人，苦痛自然是少不了。"他自己练"打五花"时，单是头顶就化脓、结痂了不知多少次，才自创了这套表演。练武时他肯下苦功，精益求精，对自己是一个狠人，所以对徒弟也要求很高，每天清晨 4 点半就要开始起床晨练，只有坚持了两年的基本功训练的人，才有可能获得他才正式授徒的资格。

王星亮虽是一介武夫出身，除精通中医骨科外，对文艺也很爱好，并对"京剧"情有独钟，能唱各派老生名段也可谓是"文武全才"。有人曾送一副对联给他："昔年力士，今日名医。一张膏药，几颗丹丸。"也算概括了他的传奇人生。

贪吃先生

> 路桥路桥路连桥
> 千年商埠根基牢
> 十里长街繁华地
> 民间故事真不少

　　话说：路桥地处温黄平原，土地肥沃、河网密集、水道四通八达，百姓安居乐业，交通运输基本上靠水路船运为主。

　　很早以前，临水街坊有一个陈家庄，陈家庄是街坊周边比较前卫富裕的村庄，人丁兴旺、孝义崇德、尊师重教，设私塾，请先生教育学龄孩子识字习文。

　　有一个叫阿才的小男孩由于父母亡过多年和姐姐阿花相依为命。是年阿花十五岁、阿才七岁，阿才天天同阿花说要到私塾读书，阿花说："阿才，到私塾读书要交学费的，我们家哪里有可以为你交学费的钱"，阿才说："阿姐，你一定要帮我想想办法，我一

定要到私塾读书习文"……

阿才一定要到私塾读书习文，阿才的阿姐为了交不起学费忧愁的事被私塾的教书先生知道了，教书先生就找到陈家族长沟通，帮助阿才免费到私塾读书，得到了陈家族长的同意。

陈家庄私塾先生本姓苏，为人正直、品行端庄、满腹才华、善于助人，在陈家庄教书三十多年，深受陈家庄百姓尊敬，苏先生老家江厦，每年冬夏省亲都是水路乘船往返，行程需要一天。

转眼中秋时节，

阿花为了感谢先生帮助免了阿才学费读书，特地准备了酒菜饭汤叫阿才请先生在中秋节第二天中午到家吃饭。

先生落座阿花就奉上秘制羹汤一碗，先生品之赞不绝口："美、美、美……如此鲜美之汤，美、美、美……"

过了三天，阿才同阿花说："阿姐、阿姐，先生说你做的羹汤味道太鲜美了，很希望你经常做给他吃（花费的材料工钱先生支付），但用什么食材做的一定要先告诉先生。"

阿花说："阿才，你明天同先生说，先生喜欢喝我做的汤我可以每隔十天为他做一次，我不会收取先生的钱，主要的食材就是我们家老母猪身上的'大虱子'，阿姐用自己梳头用的梳子从老母猪身上梳出，下面用畚斗接住，清水漂洗干净入锅配置板油、生姜、盐、酒、糖霜熬制的。"

第二天，阿才把阿花同他说的话一字不差地同先生说了一遍。当先生听说主要食材是从老母猪身上梳下的"大虱子"时，先生大怒说："如此可恶、如此可恶"，接着说："阿才，你下午放学到家第一件事就是同你阿姐说，明天早上早一点在其他学生还没有来之前当着你阿姐和先生的面到私塾旁边的稻田路边吃掉三堆鲜狗屎。

阿花深知先生错怪了自己的用心。但为了尊重先生，又不让阿才真的吃狗屎，想了一个两全其美的方法（用绿豆磨成粉做成

鲜狗屎的样子）。第二天很早就带阿才到私塾旁边的稻田路边巧妙安排了用绿豆粉做的鲜狗屎等待先生到来，并同阿才说好只要阿姐手指的鲜狗屎就大胆地吃。

先生来了，阿花当着先生的面，手指自己脚边的一堆"鲜狗屎"对阿才说："阿才，你当着先生的面吃。"阿才极不情愿地当着先生的面吃掉第一堆"鲜狗屎"；阿花带头走了五步停下，用手指着自己脚边的"鲜狗屎"对阿才说："阿才，你当着先生的面吃掉。"阿才当着先生的面又极不情愿地吃掉第二堆"鲜狗屎"；阿花带头又走了五步停下，用手指着脚边的"鲜狗屎"对阿才说："阿才，你当着先生的面吃掉。"这时候先生纳闷了，看着阿才吃了两堆鲜"狗屎"不但没有痛苦反应，而且感觉良好，难道陈家庄的狗与众不同，拉出来的狗屎人可以吃？当阿才吃了第三堆"鲜狗屎"第一段的时候，地上还有两小段，阿才同先生说："先生，真的很好吃，要不你也吃两段。"先生说："阿才，真的好吃啊？你递两段给我看看。"阿才拿起地上的两小段"鲜狗屎"递给先生，先生接过"鲜狗屎"看看就近没有其他人，先把"鲜狗屎"用鼻子闻闻，不臭！再用舌头舔舔，还有点甜！轻轻用牙齿咬一小口慢慢地品味，好吃！一大口、两大口、三大口……好吃、好吃、太好吃！陈家庄的"鲜狗屎"太好吃！

先生想，陈家庄的"鲜狗屎"太好吃了，我叫学生们每天到私塾必须交上一份鲜狗屎，晒干了过年带回家给全家人分享。

光阴似箭，日月如梭。转眼春节临近，有一日早晨，苏先生整理好包裹，带上陈家庄的"干狗屎"坐上开往江厦的客船回家过年；中午时分，船家伙计烧煮米饭挨个问客，先生说："我自带'干粮'借口碗放锅里饭架上清炖可好？"船家伙计同意先生要求，洗米加水上锅在饭架上用碗清炖先生"干粮"烧火煮饭，米饭熟时，满船皆闻狗屎味道，及至寻找，乃饭锅飘出，揭开锅盖真相大白，先生借碗所炖之"干粮"是"真狗屎"也。

长街故事

贪吃先生嘴贪吃
一时糊涂踏水窟
满船臭味方觉醒
老泪纵横当众哭
清炖狗屎坏名声
悔恨交加脸面剥
愿将自丑作教材
奉劝世人要知足

济急堂和张善元

○ 陈福财　整理

　　话说民国期间，路桥十里长街南大门石曲塘桥边，有一个占地面积超过三亩的庭院，庭院三面环水，院内道地宽阔，道地周边及小池塘边的田地上栽种有一百多种各样应急有用药材，一年四季花繁叶茂、景色优美；主体建筑有大屋五间、平房三间，临街台门轮廓气派、轩宇高大，台门石柱上石匠老师手工雕刻门联至今依然清晰；

　　　　右联：院宇逼天枢众星拱所
　　　　左联：门墙傍水陡万派朝宗
　　　　中间横批为：济急堂

　　横批"济急堂"三个大字更是体现堂主张善元"悬壶济世"的一生写照。

　　听说路桥名医张善元曾经受过业界高人点拨，精通《本草纲目》《伤寒论》等医药知识，不管是一般的伤风感冒、头痛冷热、发烧肚疼、腰酸背痛，还是

各种儿科、妇科等"疑难杂症",经他诊治总会药到病除、妙手回春。

张善元不但医术高明、仁心善术,更是心地善良、助人为乐。不管是他熟识的街坊邻居,还是他素不相识的过路客人,如有急事上门求助总会尽心尽力为之帮助。

有一个寒冬腊月,大年三十的午后时分,北风呼啸、大雪纷飞、天寒地冻,街上行人稀少。济急堂台门头站着一个背上背着一个小孩,怀里抱着一个小孩的年轻女客人,这个女客人衣衫单薄、浑身哆嗦,接连不断的咳嗽声引起了旁边门房守门人管康尧的注意。

管康尧打开台门把这个衣衫单薄、浑身抖嗦、接连不断咳嗽的年轻女客人接进大院,通知其他佣人把老爷张善元叫出来为女客人诊治。

张善元呼唤女佣把女客人带进诊室,一边叫女佣快速把女客人怀里抱的、背上背的两个小孩放下用棉被包裹温暖身体,一边叫女佣又拿来一条棉被把衣衫单薄的女客人用棉被包裹好温暖身体,又叫女佣倒了一碗温开水给女客人喝了,就开始为女客人诊治咳嗽。经过一番望、闻、问、切,一边开药方叫药童抓药煎熬,一边和女客人交流谈心,为何在北风呼啸、大雪纷飞、天寒地冻的大年三十独自带着两个小孩上门求医。

约过一刻钟,药童煎熬好药汤倒在碗里递送给女客人喝了,稍过片刻,喝了这碗药汤的女客人身体温暖、咳嗽停止。这果真是妙手回春、药到病除!女客人一边感谢张医生,一边回应张医生为何在北风呼啸、大雪纷飞、天寒地冻的大年三十独自带着两个小孩上门求医。

女客人讲:"张医生,我老家是黄岩西乡山里岙,半年前一场山洪暴发泥石流,丈夫公婆、房产田地、小村庄全部被泥石流深深掩埋,我是双手抱紧两个儿子随波逐流死生劫难走一遭。为了带好两个儿子长大成人,我就沿途乞讨到路桥,白天十里长街来

乞讨，到处逢人把活找；夜宿陡门宫廊下，墙角地上铺稻草。谁知道昨晚起一直咳嗽不停，今日就特地上门求医，再次感谢张医生药到病除、妙手回春，我要带着我的两个儿子回到我和孩子们的住宿处，陡门宫廊下墙角，住宿处还有两个四五岁的小女孩在等我早点回去。"

张善元问女客人："你说住宿处还有两个四五岁的小女孩在等你回去，你这里又有两个儿子，你到底有几个孩子。"

女客人说："张医生，我这两个儿子是我自己亲生儿，一个三岁、一个一岁，因为太小所以肩背手抱随身带着，还有两个小女孩是我上个月在长街乞讨时捡来的两个流浪儿，看着可怜我就带着一起乞讨、一起住宿，给她们一份温暖，给她们一份依靠……"

一个肩背手抱娇儿在十里长街乞讨的女客人，在乞讨过程中又捡来两个在长街流浪的小女孩，给她们一份温暖，给她们一份依靠，这是何等的女人，这是何等的人间大爱！

张善元当机立断，决定收留这个女客人以及这个女客人用心呵护的孩子们，给她们一份温暖，给她们一份依靠！叫守门人管康尧带女客人马上到陡门宫廊下墙角落头把稻草窝里的两个小女孩接过来在"济急堂"一起生活……

农历十二月三十日过大年！除夕夜"济急堂"添加人口五个，济济一堂年夜饭、开开心心大团圆！

正月初一，张善元和守门人管康尧说："大凡以后有人送流浪孩子、弃婴到'济急堂'，不问男女情由全部收养。"

从此以后，守门人管康尧又多了一份接收弃婴任务。据说当年有些家境贫困的人家往往把多生养不起的或有残疾的婴儿都送到"济急堂"寄养，减轻自身家庭生活压力，为了避人耳目基本上都选择在下半夜把婴儿送到"济急堂"，守门人管康尧很有经验，深夜一听到门口有婴儿啼哭声，马上打开小窗户不问原委接收婴儿，同时向送婴儿的大人索要婴儿的生辰八字。送到"济急堂"

的婴儿无论是男婴还是女婴，很大一部分被附近好心乡民认领养育，也有一些婴儿转送到黄岩育婴堂养育。

路桥名医张善元
仁心善术品行端
十里长街济急堂
济急救人佳话传

后 记

  自古老街多故事，它们或在百姓中间口耳相传，或在文人笔下妙笔生花，从而成为十里长街文化基因里最鲜活的印迹和富有强大生命力的非物质文化遗产。

  《长街故事》编撰以根植长街历史人文，挖掘长街民间文化，保留长街旧俗记忆为出发点。在编委会的安排下，我们组织了一批对长街熟悉的本地作者参与故事撰写，并召开创作策划会、讨论会和实地采风活动。在采集编写过程中，为了使故事更接地气，许多作者还自发多次到老街深入探访。

  本书共分三个篇章：历史名人故事、地名风物故事、市井生活故事。其中，管彦达先生基于多年对路桥文史的研究，提供了长街历史人物的诸多故事；蔡啸先生的《蔡德懋长街喋血》，由他原创的话本改编而来，保留了非遗路桥讲书的风采。地名风物故事主要收集十里长街部分地标、地名、风景、民俗的故事，为增强可读性，在原始故事的基础上，进行了文学性改编；市井生活故事主要收集十里长街流传的民间故事，比如路桥人耳熟能详的蔡缸爿幽默故事、"大力士"王星亮故事等。

  路桥十里长街历史悠久，人文荟萃，在千年时光旅程中，留下了数不清的人物和属于他们的精彩故事，因采集整理和创作时间有限，本书难免挂一漏万，不尽如人意，恳请广大读者批评指正。同时，感谢蔡啸、王宗元、蔡小法、陈伟滨、夏发青等先生在本书策划中给予的帮助，感谢区文联卢斌副主席创作长街速写插画，以及为本书创作提供故事线索和口述的长街老人们。特别感谢区社发集团对本书出版提供了有力支持，使本书得以面世。

编者

二〇二四年十二月